왜 그친구와는 말이 안 통할까?

매슈 사이드 글
아쉬윈 차코 그림
백지선 옮김

우기기 선수들 때문에
부글부글 끓는 너에게

위즈덤하우스

차례

들어가며
네 생각은 어때? ·· 6

1장
비약의 달인을 조심해! ······························· 14

2장
나는 왜 이렇게 생각했을까? ················· 29

3장
진짜 생각을 방해하는 가짜 뉴스 ········ 50

4장
말다툼이 도움이 된다고? ····················· 72

5장
동의하지 않아도 된다는 것에 동의하기 ·· 91

6장
꽉 막힌 사람이 되지 않으려면 ············ 110

7장
원하는 결과로 이끄는 대화법 ············· 135

끝맺으며
생각이 달라졌어도 문제없어! ············ 149

들어가며

네 생각은 어때?

"네 생각은 어때?"

사람들은 생각보다

이 질문을 잘 하지 않아.

안 그래?

어느 날, 우리 아빠가 땡처리로 나온 양파를 한가득 사 와선 절반씩 잘라 집 안 구석구석 놔두었어. 난 아빠가 왜 그러는지 도무지 알 수 없었지. 그래도 좋은 아이디어가 아니란 건 알았어. 결국 내 예상이 맞았어. 곧 아빠가 벌인 일 때문에 온 가족이 엄청 불쾌한 일을 겪게 되었거든.

그런데 그 지경이 되도록 누구도 내 의견을 묻지 않았지.

집을 마구 굴러다니던 양파 하나는 어쩌다 세탁기에 들어갔고, 나는 그 덕에 일주일 내내 퀴퀴한 케밥 냄새가 진동하는 교복을 입어야 했어. 게다가 아빠는 다락방에 둔 양파의 존재를 까맣게 잊어버렸지. 더운 날씨에 다락방은 뜨거워졌고, 안 그래도 상태가 좋지 않았던 양파에는 얼마 지나지 않아 구더기가 들끓었어. 구더기는 금세 큼지막한 파리로 자라났고. 도대체 어디에서 윙윙 소리가 들리는 건지 조사하던 아빠는 다락방에 머리를 들이밀었다가 엄청난 파리 떼를 마주했지. 아빠 말로는 그 순간 파리를 세 마리쯤은 삼킨 것 같대.

아빠가 집을 양파투성이로 만들기 전에 미리 의견을 물었다면 나는 분명 반대했을 거야. 하지만 아빠는 그러지 않았어. 그날 이후 우리 가족은 양파라면 입에도 대지 않아.

그런데… 애초에 아빠는 왜 뜬금없이 양파를 집 안 곳곳에 둔 걸까?

도대체 무슨 생각이었을까?

그 속을 누가 알겠어. 이 문제는 잠시 뒤에 이야기할게. 아빠가 파리를 삼켰을 생각을 하니 속이 느글거려서 말이야.

만약 이 책을 읽는 네가 나와 조금이라도 닮았다면 (대머리라거나, 맨날 추리닝만 입고 다니는 점 말고.) 머릿속에 늘 생각이 꽉 차 있을 거야. 온갖 주제에 대해 나름의 의견과 아이디어가 있겠지. 그중에는 좋은 의견과 아이디어도 있을 테고.

내 머릿속에선 도대체 이게 다 어디에서 생겨났는지 궁금할 만큼 무수한 생각이 들끓곤 해. 어떤 생각은 단순히 배가 고파서 떠오르기도 하지. 난 출출할 때면 햄버거와 아이스크림이 머릿속을 둥둥 떠다니거든.

또 어떤 생각이 있을까? 학교와 집에서 일어나는 일은 어때? 생일에 받은 용돈을 어디다 쓸지도 고민이지. 유튜브 운동 영상을 따라 할 때마다 뜨거워지는 우리 아빠의 몸보다 더 빠른 속도로 뜨거워지고 있는 지구는 또 어떻고? 세계 곳곳에서 굶주리는 아이들을 비롯해 뉴스에선 심란한 사건 사고가 끊이질 않지.

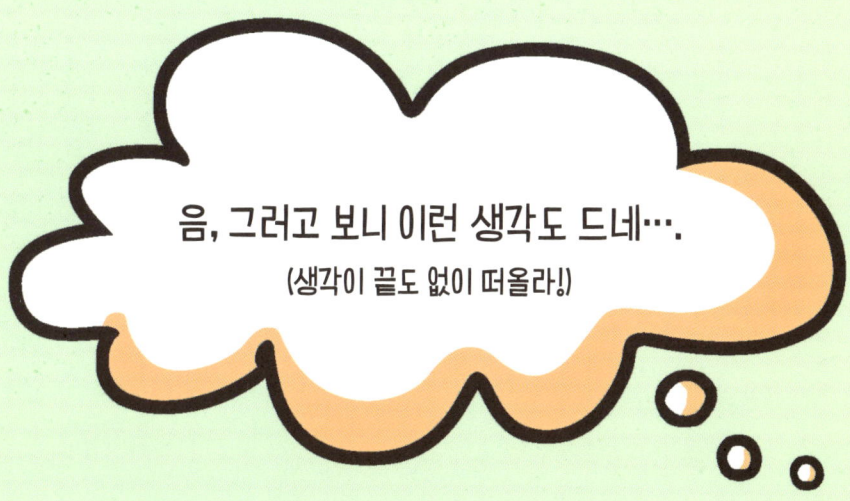

음, 그러고 보니 이런 생각도 드네….
(생각이 끝도 없이 떠올라!)

'나는 왜 이런 생각을 할까?'
'그 생각은 항상 옳기만 할까?'
'내 생각이 틀렸다면 어떻게 해야 할까?'

누구나 자기 생각의 주인이 되어야 해. 내 생각을 잘 알고 있으면 내가 무엇을 믿는지, 어떤 감정을 느끼는지 다른 사람에게 제대로 전할 수 있어.

그렇다면 어떻게 해야 다른 사람에게 내 생각을 이해시킬 수 있을까? 서로 후회할 말을 내뱉으며 대판 싸우고는 자리를 박차고 나가는 일 없이 말이야.

나는 예전에 형이랑 2주 동안 말을 안 한 적이 있어. 축구 국가 대표 팀 얘기가 나왔을 때였지. 처음 10분 정도는 대화가 즐거웠어. 우리가 기억하는 멋진 경기들과 골이 들어갔던 짜릿했던 순간들을 신나게 떠들었거든. 그런데 누가 최고의 공격수인지를 두고 의견이 갈린 거야. 대충 이런 말다툼을 벌였지.

근데 너, 엉터리로 알고 있네. 선수들 기록부터 제대로 봐.

형

뭐래, 제대로 봤거든? 축구도 잘 못 하면서 뭘 안다고 그래? 이번 시즌에 자책골을 하도 많이 넣어서 감독님이 형 보고 상대 팀 선수 같다고 했던 거 기억 안 나?

나 (짜증이 나기 시작함)

말 다했어? 꼴도 보기 싫으니까 그 주먹코나 저리 치워.

형 (나보다 더 짜증이 남)

그날 대화는

악몽 그 자체였어.

우리는 10분 30초 만에 우애 깊은 형제에서 철천지원수 사이가 됐어. 어른이 된 지금도 거울을 볼 때면 신경 쓰이는 내 코를 가지고 인신공격을 했으니 그럴 수밖에. 단지 의견이 살짝 다르다는 이유만으로 이런 일이 벌어진 거야. 그것도 우리 둘 다 너무나 좋아하는 축구를 두고 말이지.

이런 다툼은 우리 형제만의 일이 아니야. 학교와 가정, 직장, 소셜 미디어, 텔레비전 프로그램 등 곳곳에서 벌어지지. 심지어 총리나 대통령도 의견이 다르면 말다툼을 벌여.

하지만 사람들은 의견이 갈리는 문제를 두고 끝장 토론을 하며 대판 싸우다가도 다시 악수하고 친구로 지내. 서로 생각이 여전히 다르더라도 말이야.

눈치챘겠지만 이건 **보통 일이 아니야**. 생각하고, 동의하고, 반대하는 복잡한 과정을 거쳐야 하지.

신경 쓸 일은 이뿐만이 아니야.

우리가 보거나 읽거나 듣는 정보가 전부 사실이라는 보장은 어디에도 없어. 세상에는 작정하고 가짜 뉴스나 거짓 정보를 퍼트리는 사람들이 아주 많거든. 사람들을 헷갈리게 만들고, 가짜 정보를 믿게 해서 잘못된 생각을 하도록 하는 게 이자들의 목적이야.

누가, 도대체, 왜 그런 짓을 하냐고? 나도 몰라. 하지만 한 가지 확실하게 말할 수 있는 것은…

가짜 뉴스가 분명 존재한다는 거야.

당황스럽다고? 나도 그래.

그러니까… 혹시 생각을 바꾼다고 너를 탓할 필요는 없어. 수많은 정보를 거르고 걸러 진짜 내 생각을 정하는 건 정말 어려운 일이거든. 거짓 정보의 미로를 힘겹게 통과해서 **진짜 내 생각**을 정했다고 해도 안심하기는 일러. 그 생각을 친구나 가족에게 잘못 말했다가는 제3차 세계 대전만큼이나 위험한 상황이 벌어질 수도 있거든. 하지만 걱정하지 마. 이 책을 펼쳤으니까.

앞으로 너는 네 자신이 어떤 식으로 생각하는지 정확히 이해하게 될 거야. 또 생각을 정할 때 자기 자신 말고 무엇이 영향을 주는지, 자기 생각을 남에게 다툼 없이 이해시키려면 어떻게 해야 하는지도 배울 거야. 필요하다면 생각을 바꾸는 법도.

자, 그럼 문제의 양파 사건으로 다시 돌아가 보자.

이 사건의 진짜 범인은 **가짜 뉴스**였어. 아빠가 어디에선가 껍질을 벗긴 양파가 세균을 흡수한다는 글을 읽은 게 문제였지. 아빠는 (그 글을 읽은 다른 수많은 사람처럼) 양파를 집 안 곳곳에 색종이 조각처럼 흩뿌려 놓았어. 양파가 공기 중의 나쁜 세균을 흡수하면 감기나 독감, 코로나바이러스 감염증에 걸릴 일이 없을 줄 안 거지.

'정말 멋진데? 살짝 속이 비치는 이 채소가 우리 가족의 무병장수를 책임져 준다고? 가족 모두 103세까지 살 수만 있다면 거실에 썩어 가는 양파를 가득 두는 것쯤은 당연히 견뎌야지, 안 그래?'

이게 아빠의 생각이었어.

물론 잘못된 생각이었지. 양파는 세균을 흡수하지 않아. 다락방 곳곳에 생양파를 두는 게 건강에 도움이 된다는 과학적 근거는 전혀 없어. 미국 양파 협회(진짜 있는 단체야.)도 그렇게 말했으니 믿어도 돼.

이런 터무니없는 일은 대학교수인 우리 아빠뿐 아니라 누구에게나 벌어질 수 있어.

그러니까… 이 책을 잘 읽어 두는 편이 좋을 거야. 애호박이 체육복과 운동화 냄새를 빼 준다는 말만 믿고 책가방에 애호박을 넣어 다니고 싶지 않다면 말이야. (참고로, 이 또한 사실이 아니야!)

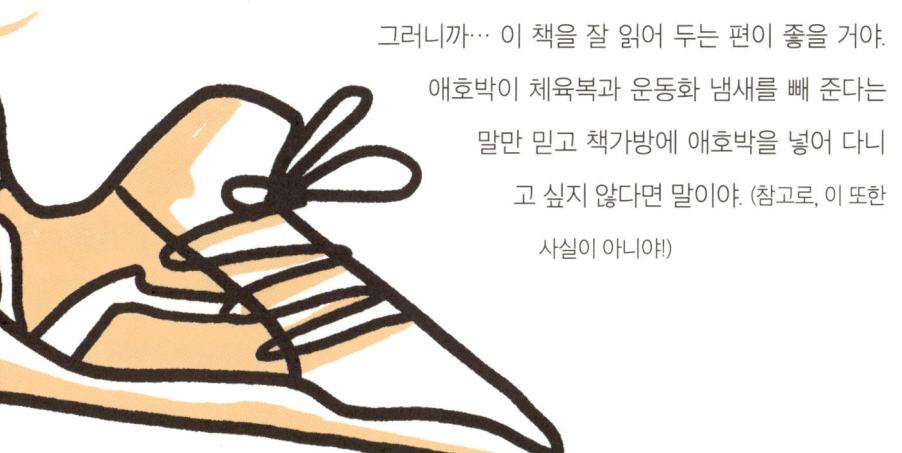

필런 선생님은 비약의 달인이었어.

비약을 아주 잘했지.

운동 신경이 좋아 높이뛰기를 잘했냐고? 아니야. 그럼 '비약적인 성장'을 말할 때의 비약이냐고? 아니, 그런 비약을 말하는 게 아니야.

새로 온 필런 선생님은 다른 의미로, 비약을 아주 잘했어. 무슨 뜻이냐고? 이제부터 설명할게.

새 학기 첫날, 필런 선생님은 노란색 오픈카의 지붕을 활짝 연 채 학교에 출근했어.

이 선생님은 다른 선생님들과 달랐어. 아니, 여태껏 내가 만난 어떤 사람과도 달랐어. 첫 조회 시간에 눈부신 금색 선글라스를 쓰고 나타났으니 말 다 했지, 뭐.

게다가 아이들이 교실에 모이자 말도 안 되는 짓을 벌였어. 교실을 딱 반으로 갈라 여학생과 남학생을 따로따로 앉힌 거야. 이렇게 말하면서.

"너희 나이 때는 다른 성별을 끔찍이 싫어하잖니."

왜 그런 생각을 했는지는 모르겠지만, 그 탓에 나는 제일 친한 친구 엠마와 멀리 떨어져 앉아야 했어.

우리 아빠는 처음부터 필런 선생님을 마음에 들어 했어. 결정이 빠르다나? '두뇌 회전이 빠른 게' 우리 학교에 딱 필요한 분이랬지. 선생님이 학기 첫날에 나를 수학 우등반에 넣자 아빠는 선생님에게 '결정왕 빌런'이라는 별명을 붙였어.

사실 선생님의 이름은 빌런이 아니라 필런이었지만, 아빠는 그런 사소한 문제쯤은 신경 안 쓰는 것 같았어.

선생님 덕분에 난 축구부원으로 뽑히기도 했어. 내 실력을 보지도 않고 뽑아 주셔서 좀 이상했지만 기쁘기는 했지.

"결정왕 빌런이 네 잠재력을 알아봤구나."

아빠는 필런 선생님이 내가 공을 차는 모습조차 본 적 없다는 사실은 대수롭지 않게 넘겼어.

그러다 결정왕 빌런(필런)이 아빠의 미움을 산 사건이 벌어졌어. 그것도 상당히 요란한 방식으로 말이야. 필런 선생님이 얼마나 어마어마한 비약의 달인(다시 말하지만 나는 듯 뛰어오르는 그런 비약을 말하는 게 아니야.)인지 드러난 사건이었지.

불씨가 된 건 필런 선생님이 기획한 학급 요리 대회였어. 학교에서 그런 대회가 열리기는 처음이었지. 사실 우리는 요리 대회가 좀 부담스러웠어. 선생님이 우리의 요리 실력을 너무 과대평가하는 것 같았거든. 내가 알기로는 형편없는데 말이야. 마크는 기껏해야 콩이 한 알뿐인 빈즈 온 토스트를 만드는 수준이었어. (원래는 식빵 위에 구운 콩을 가득 올려 먹는 요리인데, 통조림통을 바닥에 떨어뜨려 다 흘리는 바람에 콩이 한 알밖에 안 남았대.) 나는 아침으로 먹을 크루아상을 만들어 보려다 집을 홀라당 태워 먹을 뻔했고.

그런데도 결정왕 빌런은 밀어붙였어. 게다가 꼭 요리 대회를 벌여야 한대서 다들 불안이 점점 커졌지.

그러다 사건이 터졌어. 요리 대회 전날, 필런 선생님은 우리에게 각자 어떤 요리를 할 건지 물어봤어. 그러고는 답할 틈도 주지 않고 이런 말을 쏟아 낸 거야.

내가 맞혀 볼게, 엠마.
넌 예쁜 분홍색 컵케이크를 만들 거지?
매슈의 카레 요리도 무척 기대되는구나.

네? 웬 카레요?

선생님은 대체 왜 내가 카레를 만들 거라고 생각했을까? 도무지 이해가 안 됐어. 나는 치즈 피자를 만들 계획이었거든.

엠마도 그래. 웬 예쁜 분홍색 컵케이크? 엠마가 분홍색을 얼마나 싫어하는데. 축구팀 맨체스터 시티 팬이라 팀 색깔인 파란색을 제일 좋아한단 말이야.

그런데도 필런 선생님은… 늘 그랬듯… '비약'해 버렸어.

성급한 결론으로.

엠마는 여자애니까 분홍색 생크림을 올린 예쁜 컵케이크를 만들 거라고 지레짐작한 거야.

틀렸어!

나는 아빠가 파키스탄 출신이라 집에서 늘 카레를 먹을 테니 당연히 카레를 만들 거라고 넘겨짚은 거고.

이것도 틀렸어!

우리 아빠를 **전혀** 모르면서 멋대로 추측한 거야. 이 일을 전하자마자 아빠는 필런 선생님의 별명을 '결정왕 빌런'에서 '멍청한 빌런'으로 바꿨어. 그러고는 바로 학교로 찾아가 우리 가족의 크리스마스 저녁 식사 사진을 선생님에게 보여 주며 반박했어. 아빠가 제일 좋아하는 음식은 카레가 아니라 통닭구이라고 말이야.

하지만 상황은 더 나빠졌어. 선생님은 아빠가 카레를 좋아할 거라고 지레짐작한 일을 사과하기는커녕 어처구니없는 질문을 했어. 글쎄, 할아버지가 식사 자리에서 돌아가셨는데 그것도 몰랐느냐고 물은 거야.(사진에서 할아버지가 식탁에 엎드려 있었거든.)

아빠는 버럭 소리를 질렀어.

잠드신 거잖소, 이 멍청한 양반아!

"어떻게 하면 그런 결론이 나는 겁니까? 식사 중에 돌아가셨으면 우리가 몰랐겠어요?"

아빠는 그대로 교실 문을 박차고 나와 버렸어.

필런 선생님이 왜 이런 행동을 했는지는 금방 밝혀졌어. 뭘 몰라도 너무 몰랐던 거야. 알고 보니 선생님이 내린 성급한 결론은 이뿐만이 아니었어.

🌀 **수학 우등반** 선생님이 나를 수학 우등반에 넣은 건 단지 내 머리가 커서였어! 필런 선생님은 한 번도 수학을 가르친 적이 없었는데, 수학을 잘하려면 뇌가 커야 하고, 뇌가 크면 당연히 머리도 크겠거니 한 거야. 게다가 내 머리는 그렇게 크지도 않았어. 머리숱이 많아 커 보인 건데,(지금은 한 올도 남지 않은 대머리지만.) 그것도 전혀 고려하지 않았어.

🌀 **축구부** 놀라지 마. 선생님은 '발 사이즈'만 보고 축구부원을 뽑았어. 발이 크면 골을 더 많이 넣을 거라고 단정했기 때문이야. 물론 잘못된 생각이었지. 크리스티아누 호날두는 발이 작아도 축구를 잘만 하잖아?

🌀 **교사라는 직업을 택한 이유** 필런 선생님은 교사 일이 처음이었어. 원래 스페인에서 파티 플래너로 일했는데, (왜 그런 요란한 차를 타고 선글라스를 꼈는지 알겠지?) 교사가 하는 일도 기본적으로 같을 거라고 생각했대. 뭐, 많은 인원을 관리하고 여름휴가가 긴 건 비슷하다면 비슷하지. 하지만 당연하게도 둘은 전혀 다른 일이었어.

결국 필런 선생님은 반 학기밖에 버티지 못했어. 스페인 바르셀로나로 가는 편도 항공권을 끊고는 파티 플래너의 삶으로 돌아갔지.

대체 무슨 말을 하려고 이 이야기를 꺼냈는지 궁금할 거야. 이 책과 아무 상관없어 보이는 이야기를 왜 하느냐 싶겠지.

그래도… 결론을 성급히 내리지는 마. 필런 선생님의 행동과 사고방식을 보며 우리가 결정을 내리는 방법에 대해 생각해 볼 수 있거든. 또 잘못된 결론을 내리는 게 얼마나 쉬운 일인지도 말이야.

자, 이제 공부 좀 해 볼까?

 # 신경 과학 공부 말이야!

한숨이 절로 나온다고? 걱정 마. 재미있을 테니까. (나중에 수학 문제도 풀 텐데 그때도 재미있을 거야. 농담이 아니라 진짜로.)

우선 이 그림부터 한번 봐 봐.

보자마자 어떤 생각이 들었어? 십 대로 보이는 검은색 머리의 여자애라는 생각을 했을 거야. 짜증 난 표정으로 보아 이제 곧 누군가에게 큰 소리로 화를 낼 거라는 생각도 했을 테고. (이 애도 양파에 관한 가짜 뉴스를 들은 걸까? 양파 치울 때 우리 아빠 표정이 딱 이랬거든.)

그림을 본 순간 너의 뇌는 그림 속 여자애의 생각과 감정을 추측했을 거야. 그 결과가 네 머릿속에 바로 떠올랐을 테고. 깊은 생각을 거치지 않고 말이야. 안 그래?

실은… 대니얼 카너먼이라는 남자도 그렇게 생각했어. 대니얼 카너먼은 미국에 있는 프린스턴 대학교의 교수로 아주 똑똑한 분이야. 노벨 경제학상도 탔지. 이분은 우리가 어떤 식으로 사고하는지, 그리고 어떤 결정을 내릴 때 왜 그런 결정을 내리는지를 주제로 아주 흥미로운 연구를 진행했어.

카너먼 교수에 따르면, 인간은 두 가지 방식으로 생각해. 바로 '**빠르게 생각하기**'와 '**느리게 생각하기**'야.

빠르게 생각하기는 방금 전 네가 그림을 봤을 때처럼 순식간에 일어나. 굳이 애쓰지 않아도 네 머릿속에서 여자애에 관해 추측하고, 나름의 의견을 만들지. 제일 친한 친구가 네 앞에서 울고 있다고 해 보자. 아마 슬프거나 속상한가 보다 하는 생각이 반사적으로 들겠지? 마구 달리는 차를 피하려고 껑충 뛰어 몸을 날리거나, 욕조에서 대왕 거미를 보고 비명을 지를 때도 (나만 그런 거 아니지?) 빠르게 생각하기가 작동해.

빠르게 생각하기는 참 유용해. (필런 선생님에게는 아니었지만. 이 얘기는 곧 해 볼게.) 상황을 빠르게 살피고, 반응하고, 위험을 피하도록 도와주거든. 거미를 피하는 데 5분이나 걸린다고 생각해 봐. 그럼 털이 수북한 거미 다리가 이미 내 목 위에 올라와 있을 거야. 어휴, 끔찍해!

이번에는 다음 장에 나온 글자를 잠깐 살펴보자.

음제콜성복각조린

자, 무슨 단어가 보여?

뭔가 보이는 사람도 있겠지만, 대부분은 뚜렷한 단어가 안 보일 거야.

단어가 단박에 보이지 않아도 어떤 생각이 곧바로 떠오르기는 했을 거야. 검은색 잉크로 인쇄된 글자라는 생각은 들었지?

자, 이제 이 글자를 재조합해 말이 되는 단어로 만들어 보자. 글자 퍼즐로 단어를 만들어 보는 스크래블 게임처럼 말이야. 이건 빠르게 생각하기로 처리하기 조금 벅찰 거야. 아마 이런 식으로 몇 가지 단어들을 조합해 보겠지.

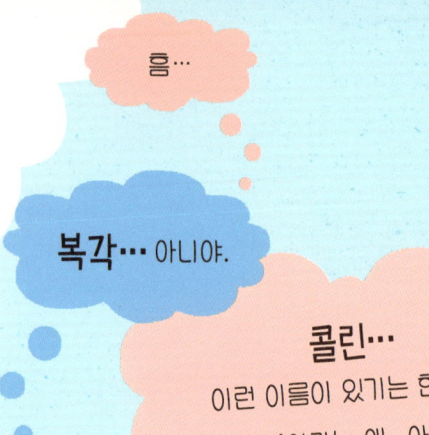

그러다 결국 **음성**을 조합해 낼 거야. **조각**이나 **복제**도 찾을 테고.

이처럼 글자를 해독하고 분석할 때 뇌에서 벌어지는 일이 바로 카너먼 교수가 말하는 '느리게 생각하기'야.

느리게 생각하기는 빠르게 생각하기처럼 저절로 일어나지 않아. 방금처럼 숨은 단어를 찾아내려면 네가 초등학교 1학년 때부터 배운 단어를 모조리 떠올려야 해. 주어진 글자를 재조합하면서 동시에 '콜린'보다는 그럴듯한 단어를 찾아 머리를 쥐어짜야 하지.

그러려면 답을 찾기까지 시간과 노력을 들여야 해. 당연히 속도가 훨씬 더 디지. 느리게 생각하기는 좋은 결정을 내려야 할 때 무척 도움이 돼. 답을 정하기 전에 주어진 질문과 내가 이미 아는 사실, 느끼는 감정까지 찬찬히 따져 볼 수 있거든.

그래서 빠르게 생각하기와 느리게 생각하기는 둘 다 아주아주 중요해.

빠르게 생각하기는 자연스럽게 일어나. 노력을 전혀 기울이지 않아도 본능적으로 생각이 떠오르지.

내 이름을 부르는 목소리만 들어도 엄마의 생각을 정확히 알아채는 건 빠르게 생각하기 덕분이야. 날카로운 목소리로 "매슈!"라고 부르면 안 봐도 뻔해. 내 침대 밑에 처박아 둔 더러운 양말 열두 켤레를 발견했다는 뜻이지.

반면에 계산하거나, 선택하거나, 무언가를 결정하는 일을 할 때는 느리게 생각하기가 필요해. 시간을 들여 꼼꼼히 확인해야 하니까.

예를 들어, 23×17을 계산한다고 해 보자. 나는 17단은 못 외워. (보통 못 외우지?) 그러니까 이 곱셈을 계산하려면 시간을 들여야 해. 신문 기사를 쓸 때도 마찬가지야. 우선 글을 쓰기 전, 생각을 정하고 그 생각을 보여 줄 가장 효과적인 순서를 고민해야 해. 이건 저절로 일어나는 일이 아니지.

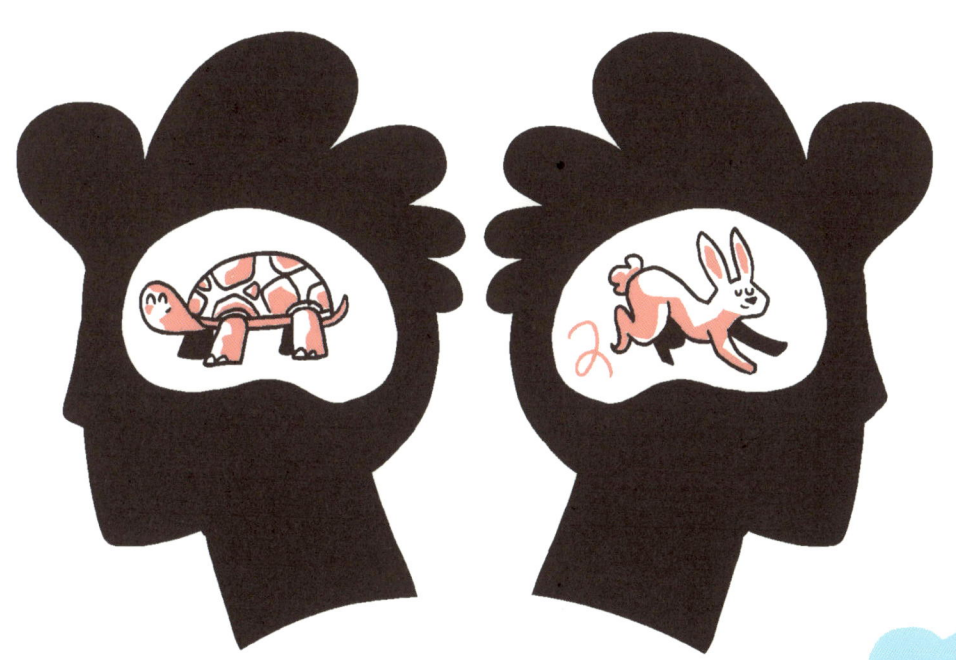

자, 이제 생각하는 방법에는 두 가지가 있고, 그게 '빠르게 생각하기'와 '느리게 생각하기'라는 걸 알았을 거야. 이 둘은 환상의 짝꿍이야. 뇌 속에서 서로 조화롭게 작동하면서 우리가 최선의 방식으로 반응하고, 결정하고, 행동하도록 해 주지. 〈해리 포터〉 시리즈 속 해리 포터와 헤르미온느의 관계 같다고나 할까. 해리는 싸움을 걸거나 싸우는 건 잘하지만, 진지하게 궁리해야 하는 일은 헤르미온느에게 떠넘기잖아. 어때, 완벽한 비유지? 안 그럴 때도 있긴 하지만….

빠르게 생각하기와 느리게 생각하기는 대부분 조화를 이루며 훌륭히 작동하지만, 가끔 실망스러운 결과를 내기도 해.

한번 아래 그림을 보자.

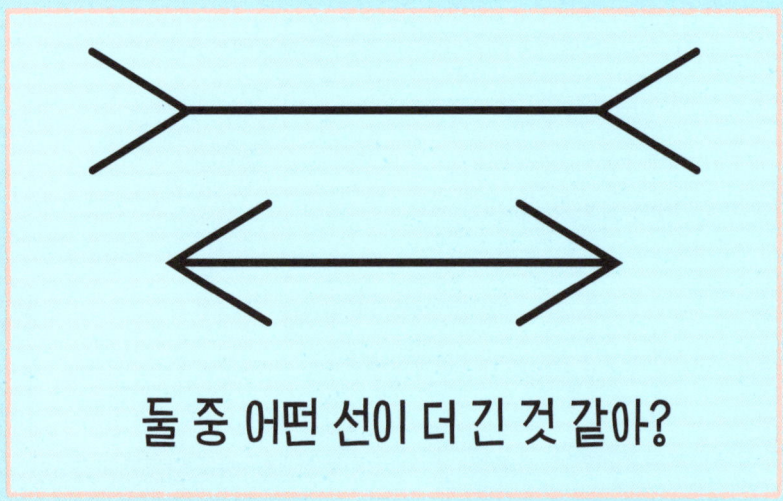

둘 중 어떤 선이 더 긴 것 같아?

금방 답이 나오지?
아마 위에 있는 선이 더 길어 보일 거야.
내 말 맞지?

그렇게 생각한 건 네 머릿속에서 빠르게 생각하기가 곧바로 작동했기 때문이야. 하지만 느리게 생각하기를 작동시키고는 줄자를 가져와 길이를 재 봤다면 두 선의 길이가 정확히 같다는 걸 알았을 거야. (못 믿겠으면 한번 직접 해 봐.)

빠르게 생각해서 성급하게 답을 내면 이렇게 돼. 옳지 않은 결정이나 의견을 내게 되지. 느리게 생각하기를 발동시켜 줄자로 재 보지 않으면, 내기에서 틀린 답을 골라 용돈을 몽땅 잃을지도 몰라.

문제는 우리가 시간을 들여 느리게 생각하지 않을 때가 많다는 거야. 빠르게 생각하기로 얼른 단정 지어 버린다는 말이지.

이쯤에서 필런 선생님 이야기로 돌아가 보자. 선생님이 우리 반 요리 대회에서 내가 카레를 만들 거라고 생각한 건 바로 이 때문이었어. 내 피부색만 보고는 아빠가 파키스탄 출신이니 당연히 카레를 좋아할 거라고 단정 지은 거지.

선생님이 느리게 생각하기를 작동시켜 나와 3분이라도 대화를 나눴다면 어땠을까? 나는 선생님에게 아빠가 12년 동안 영국의 레딩이라는 도시에서 살았고, 보통 사람들보다 고추를 더 빨리 먹을 수는 있지만 제일 좋아하는 음식은 통닭구이이며 그다음으로는 두툼한 마르게리타 피자를 좋아한다고 알려 줬을 거야.

필런 선생님이 성급한 결론을 내린 건 느리게 생각하지 않았기 때문이야. 엠마는 여자니까 분홍색 컵케이크를 만들 거고, 발이 크면 축구를 잘할 거고, 머리가 크면 수학을 잘할 거라고 지레짐작한 것도 모두 그 때문이었지.

필런 선생님이 반 학기도 못 버티고 학교를 떠나자 이런 생각이 들었어.

우리라고 선생님과 다를까? 우리도 성급한 결론을 내리지는 않나? 느리게 생각해서 상황을 제대로 분석하는 대신, 빠르게 생각해 버리고 덜컥 비약할 때가 있지는 않나?

나는 (느리게 생각하기를 작동시켜) 누구나 그럴 수 있다는 결론을 내렸어. 다시 말해 우리가 내리는 생각이나 의견에는 찬찬히 고민했다면 떠올랐을 내 진짜 생각이나 감정이 반영되지 않았을 수 있다는 거야. 그러니까…

차분하게 생각해 봐!

지금껏 네가 네 모든 결정과 의견을 완벽히 다루고 있는 줄 알았다면, 이번 장을 읽으며 깨달았을 거야. 누구나 성급하게 생각하고 잘못된 판단을 내릴 때가 있다는 걸 말이야. 하지만 걱정 마. 이제부터 생각의 속도를 늦추는 법을 배울 테니까. 생각할 때 영향을 미치는 요소와 정보를 꼼꼼히 분석하는 법도 배워 볼 거야. 그러고 나면 자신감 있게 더 나은 결정을 내릴 수 있겠지.

어때, 멋지지? 자, 그럼 다음으로 넘어가 보자.

2장 나는 왜 이렇게 생각했을까?

어느 날, 수업을 마치고 집에 오니 엄마와 아빠가 평소답지 않게 앞마당에 나와 있었어. 두 분은 비 오는 날씨에 웬 겨자색 가죽 소파에 앉아 있었지. 마찬가지로 겨자색인 발판에 두 발을 올린 채, 사이에는 옆집 배리 아저씨를 앉혀 두고 말이지. 참으로 낯선 광경이었어.

그날 나는 탁구 연습을 마치고 내 친구 지미 스톡스와 맥도널드에 들러 빅맥을 먹느라 좀 늦은 참이었어. 그래서 날 맞이하려는 듯 정원에 나와 있는 부모님을 보고 불안했지. 저녁 식사 전에 햄버거 먹고 온 걸 들켜서 한 소리 들을까 봐 말이야.

"무슨 일 있어요?"

나는 얼굴에 햄버거 소스나 케첩이 묻지는 않았을까 초조하게 턱을 문지르며 물었어.

"매슈, 봐라. 멋지지 않니?"

아빠는 기다렸다는 듯이 소파 발판을 리모컨으로 조종하며 외쳤어.

"색깔도 기가 막히지? 순금색이지 뭐냐."

음, 이 부분은 논란의 여지가 있었어. 순금이라기보다는 햄버거에 들어가는 치즈 색깔과 비슷했거든.

엄마는 곧 폭발할 듯한 표정이었어. 분노를 터트릴지 눈물을 터트릴지는 알 수 없었지만 화가 난 건 분명해 보였지. 그러고 보니 배리 아저씨는 좋아서 두 분 사이에 앉아 있는 게 아니었어. 엄마가 아빠를 죽이지 못하게 막는 평화 유지군 역할이었던 거지.

"어… 우리 집에 새 소파가 필요했나요?"

나는 머뭇거리며 물었어. 내 눈에는 예전 소파도 아주 멀쩡해 보였거든. 색깔을 빼고는 새 소파와 모양도 똑같고 말이야.

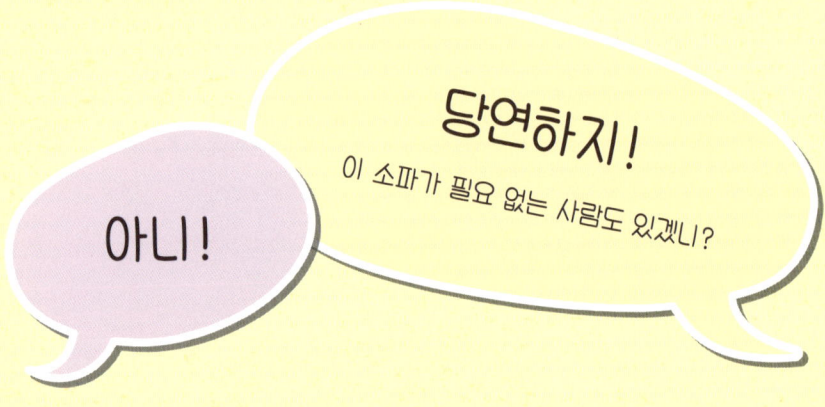

내 질문에 엄마와 아빠가 동시에 외쳤어.

배리 아저씨는 안절부절 어쩔 줄 몰라 했지.

또 질문을 던졌다가는 소란을 일으킬 게 불 보듯 뻔했지만, 나는 위험을 무릅쓰기로 했어.

"그런데… 어… 소파가 왜 정원에 나와 있어요?"

내 말이 끝나기 무섭게 배리 아저씨가 벌떡 일어나 집으로 돌아갔어. 더는 엄마를 진정시킬 자신이 없었나 봐.

그건 네 아빠가 아주 **멍청**하기 때문이란다.

엄마는 이 말과 함께 소파를 쓰다듬는 아빠를 놔두고 자리를 떠 버렸어.

이상한 가죽 소파에 관한 우스운 이야기로 들리겠지만, 이 속에는 중요한 내용이 담겨 있어. 우리가 어떻게 결정을 내리고 생각하는지 설명해 주거든. 보통 자기 선택의 주인은 자신이라고 생각하지만, 실제로는 그 선택에 다른 요소가 영향을 미친다는 것을 보여 주는 일화이기도 해.

진짜 '내 생각'일까?

1장에서 살펴봤듯, 우리는 가끔 성급하게 결론을 내려. 너무 빨리 생각해 버리는 바람에 우리의 진짜 생각이나 감정을 온전히 반영하지 않은 답을 내리고, 추측을 하고, 의견을 정하지. 그런데 빠르게 생각하기 말고도 우리가 판단을 내리는 데 영향을 주는 요소가 있다면 어떨 거 같아? 의도치 않게 특정한 방식으로 생각하게 된다면? 성급한 결정을 내리게 된다면? 더 심각하게는… 잘못된 관점이나 의견을 (또는 소파를) 갖게 된다면?

그리고 그런 일이 벌어지고 있는데도 알아채지 못한다면 어떨 거 같아?

아니, 잠깐만… 이거 아주 나쁜 소식 아니야? 내가 내 생각을 통제하지 못할 수도 있다는 거잖아!

맙소사… 혹시 외계인이 우리 뇌를 조종하고 있는 게 아닐까? 모르는 사이 외계인이 지구를 침공하기라도 했나?

외계인에게 세뇌된 거라면 아빠가 그 이상한 겨자색 소파를 산 것도 충분히 이해되거든.

물론… 그럴 리는 없으니 안심해. 하지만 외계인은 아니더라도 우리 생각에 영향을 주는 건 많아. 이미 살펴봤듯 우리는 빠르게 생각해서 뜻하지 않게 덜컥 잘못된 결론을 내리기도 해.

그러니까 필요 없는 소파를 사거나, 무작정 친구를 따라 하거나, 유튜브에서 본 내용을 무작정 믿지 않으려면 **우리 생각이 어떻게 영향을 받는지** 알아야 해. 왜냐하면… 어떠한 생각을 **왜** 하는지 알면, 생각과 의견을 잘 다루어서 더 나은 결정을 내릴 수 있거든.

여기서 잠깐 짚고 넘어가야 할 말이 있어. 주변에서 흔히 볼 수 있으면서도 네 생각에 아주 큰 영향을 미치니까 꼭 알아 둬야 해. 빠르게 생각하기를 격렬하게 작동시키는, 사소하지만 엉큼한 속임수에 관한 이야기야.

세상에서 가장 비싼 핫도그

핫도그 한 개를 9만 원 주고 사 먹을 수 있어?
"얼마라고요?"
아마 다들 이렇게 외치고 있을 거야.

그 핫도그에 무슨 재료가 들어가는지 여기서 일일이 따지지는 않겠지만, 어쨌거나 9만 원은 빵 사이에 소시지를 끼워 넣곤 케첩을 뿌린 음식에 쓰  기에는 너무 큰돈이야. 정확히 어떤 종류의 소시지가 들어가는지는 모르지만 (참, 일일이 안 따지겠다고 했지?) 소시지가 그렇게 비쌀 리도 없고 아무리 비싸다고 해도 핫도그 한 개를 9만 원 주고 사 먹을 사람은 없을 거야.

그런데 뉴욕의 어느 식당에서 정말 핫도그 하나에 9만 원이라는 가격을 매겼어. 일명 세상에서 제일 비싼 핫도그, '오트 도그'였지. 당연히 이 핫도그는 잘 안 팔렸어. 그런데 말이야. 이 어마어마하게 비싼 핫도그를 메뉴에 올리자 역시나 잘 안 팔리던 2만 4000원짜리 햄버거와 감자튀김 세트가 불티나게 팔리기 시작했어.

사실 2만 4000원도 빵 사이에 소고기 패티를 (네가 아는 그 얇은 패티 말이야.) 끼운 음식값으로는 너무 비싸. 감자튀김 몇 개를 끼워 준다 해도 말이지. 그런데도 이 햄버거는 전과 달리 굽기가 무섭게 팔리기 시작했어.

왜 그랬을까? 도대체 무슨 일이 일어난 걸까?

여기서 '9만 원'은 학자들이 '닻'이라고 부르는 기준점이야. 통장에 179조 원이 있다는 아마존 창립자 제프 베이조스조차도 핫도그 하나에 9만 원을 쓸 일은 **절대** 없을 것 같지. 이 인상적인 가격은 우리 머릿속에 뚜렷이 남아. 무거운 닻처럼 우리 생각에 깊이 자리하고는 떨쳐지지 않는 거야. 그때부터 네가 생각을 할 때 이 9만 원이라는 가격이 영향을 미치기 시작하지.

'9만 원'이 머리에 새겨지면 메뉴판에 같이 나와 있는 2만 4000원짜리 햄버거 세트는 상대적으로 저렴하게 느껴져. 와, 진짜 싸다! 환호하면서 너도나도 얼른 지갑을 꺼내지. 놓치면 손해인 것 같아 서 맛보고 싶어 안달이 나는 거야.

하지만 이건 미친 짓이야. 근처 맥도널드만 가도 빅맥을 6000원도 안 되는 가격에 살 수 있거든. (내가 먹어 봐서 알아. 방금도 빅맥을 두 개나⋯ 우리 엄마한테는 절대 비밀이야.)

느리게 생각하기를 작동시키면 당연히 다른 식당에서 파는 비슷한 음식과 값을 비교하겠지만, 보통은 그러지 않아. 빠르게 생각하기로 섣부른 판단을

내려 버리지. 자신은 물론이고 다른 사람들도 **절대** 사지 않을 엉뚱한 음식의 가격과 비교하는 거야.

그런데 말이야. 가게 주인과 광고주들은 바로 이 **닻**을 이용해서 살 필요가 없거나 살 여유가 없는 온갖 물건을 사도록 우리를 부추겨.

이제… 이 '닻'과 우리 집 정원을 차지한 소파 사이에 어떤 관계가 있는지 감이 오지? 이 문제는 나중에 더 자세히 다뤄 보자.

닻을 조심해!

단돈 3만 9800원! 어떻게 들려? 4만 원보다 훨씬 저렴하게 느껴지지 않아? 앞으로 가게에서 9900원짜리 가격표를 보면 닻을 조심해야 한다는 걸 기억해. 네 판단에 영향을 미치고 있는 거니까. 얼핏 보면 9900원은 9000원과 별 차이가 없어 보이지? 만 원보다 싸니까 저렴하게 느껴질 거야. 실제로는 9000원보다 만 원에 가까운데 말이야. 어쨌든 효과는 확실해. 990원이나 9900원짜리가 1000원이나 만 원짜리보다 더 잘 팔리거든.

이 닻 전략을 잘 알아 둬야 해. 물건을 살 때뿐 아니라 다른 상황에서도 우리의 판단에 영향을 끼쳐서 성급한 결론을 내리게 하거든.

예를 하나 들어 볼게. 혹시 마하트마 간디라고 알아? 인도가 영국의 지배를 받던 시절, 비폭력 독립 운동을 이끈 인물이야. 변호사이기도 했고. 여하튼 한 연구진이 사람들에게 간디가 몇 살에 죽었는지 맞히게 하는 실험을 했어.

연구진은 간디의 사망 나이를 묻기 전에 실험 참가자를 두 그룹으로 나누고는 각 그룹에 서로 다른 질문을 추가로 건넸어.

첫 번째 그룹에는 "간디는 9세 이전에 죽었을까요, 9세 이후에 죽었을까요?"라고 물었고, 두 번째 그룹에는 "간디는 140세 이전에 죽었을까요, 140세 이후에 죽었을까요?"라고 물었어.

첫 번째 그룹의 대다수는 당연히 간디가 9세 이후에 죽었을 거라고 생각했을 거야. 간디는 아주 유명한 독립운동가이고, 여덟 살짜리 독립운동가는 없으니까.

두 번째 그룹은 140세 이전에 죽었을 거라고 생각했을 거야. 지금까지 세계에서 가장 오래 산 사람의 나이가 122세라고 하니 그럴 수밖에.

그런데, 이렇게 기준점이 다른 질문을 추가하자 아주 흥미로운 결과가 나왔어. 서로 다른 기준점, 즉 '닻'이 두 그룹의 답에 영향을 미친 거야.

9세를 기점으로 질문을 받았던 첫 번째 그룹은 빠르게 생각하기로 간디가 젊은 나이에 죽었을 거라는 결론을 내렸어. '아니라면 왜 9세를 기준으로 잡았겠어?'라고 생각한 거지.

반면에 두 번째 그룹은 간디가 오래 살았을 거라고 지레짐작했어. '아니라면 왜 140세를 기준으로 잡았겠어?'라고 생각한 거야.

9세와 140세라는 닻은 9만 원짜리 핫도그와 같아. 아무 상관이 없는 거지. 진짜 사망 나이와 무관하다는 뜻이야. 참고로, 마하트마 간디는 78세에 사망했어.

하지만 실험 참가자의 평균 답변은 기준이 낮은(9세) 질문을 받은 그룹이 50세였고, 기준이 높은(140세) 질문을 받은 그룹은 67세였어.

이처럼 질문하기 전에 무작위로 숫자를 떠올리게 하면, 그 사람이 내릴 결론에 영향을 미칠 수 있어.

"이게 도대체 나랑 무슨 상관인데요?"

지금 이렇게 묻고 싶지? 아니면 혹시 아직도 9만 원짜리 핫도그를 생각하고 있니?

자, 우리 아빠도 바로 이 닻 전략 때문에 필요하지도 않은 소파를 샀어. 엄마가 휴가 때 쓰려고 모은 돈을 세 칸짜리 겨자색 가죽 소파에 써 버린 거야. 소파 발판이 너무 커서 현관문을 통과하지도 못하는데 말이지. 그날 아빠는 점심으로 먹을 스파게티 통조림을 사러 나갔어. 그런데 돌아오는 길에 '점포 정리 마지막 세일'이라고 내건 가구점을 보고는 혹하고 만 거야. 아빠는 물건을 정가보다 싸게 사는 걸 정말 좋아하거든.

가구점에 들어가 보니 아주 멋진 검은색 소파가 있었는데, '정가 1500만 원'이라는 가격표가 붙어 있었어. 디자인은 같지만 겨자색이라 덜 멋진 소파에는 '299만 원'이 붙어 있었고. (990원 전략이 또 나왔어!) 바로 그거야. 아빠는 닻 전략에 완전히 걸려들었어. 다시없을 헐값에 소파를 샀다고 굳게 믿고는, 자동차 레이스 경주 도중에 타이어를 교체하는 기술자처럼 신속하고 정확하게 차 지붕 위에 소파를 실었지.

새 소파가 너무 커서 현관문을 통과할 수 없다는 사실을 아빠는 집에 와서야 깨달았어. (세상에 다시 없을 할인 상품인데 크기를 재 볼 시간이 어디 있었겠어!) 일주일 전에 배리 아저씨가 쇼핑 카탈로그에서 똑같은 소파를 봤고, 가격이 겨우 240만 원이었다는 사실도 뒤늦게 알았어. 집에 원래 있던 소파는 현관문을 무사히 통과했을 뿐 아니라 아직 멀쩡하다는 것도 그제야 깨달았지.

누구나 우리 아빠 같은 실수를 할 수 있어. 첫눈에 접한 정보, 예를 들어 비싼 핫도그 가격이나 더 좋아 보이는 소파, 무심코 뇌리에 남은 숫자로 섣부른 판단을 내릴 수 있는 거지. 네가 뜻하지 않았던 말이나 결정, 행동을 하게 될 수도 있다는 뜻이야.

질문과 닻

어떻게 질문하는지에 따라 질문을 받은 사람의 생각과 반응이 얼마나 달라질 수 있는지 이제 알았을 거야. 예를 하나 더 들어 볼게.

'답정너' 환경 영향 평가

어느 지역에서 공원을 지나다니는 자동차 수를 줄이고 싶었어. 그래서 주민들의 의견을 묻는 설문 조사를 했는데, 첫 번째 질문은 이랬어.

"우리 지역 공원의 공기가 더 깨끗해지길 바라십니까?"

어땠을 거 같아? 당연히 거의 다 '그렇다'라고 답했어! 아니라고 답할 사람이 누가 있겠어?

이 설문 조사에 이런 내용은 나오지 않았어.

"자동차가 다니지 못하도록 공원 내 도로를 차단하길 바라십니까?"

도로를 차단하면 차가 다니지 못하니 공기 질은 더 좋아질 거야. 하지만 공원을 통과하던 차들이 다른 도로로 몰리면 출퇴근 시간과 등하교 시간이 훨씬 늘어날 거야.

결국 이 설문 조사 결과를 바탕으로 의회는 공원의 도로를 차단했어. 한쪽으로 치우친 질문이 마음에 안 든 사람도 있었지만 말이야.

친하지만 너무 다른 우리

우리 가족은 영화 〈스타워즈〉 시리즈를 **정말 좋아해**. 한 편도 빼놓지 않고 다 봤을 정도지. 특히 나는 어릴 때 툭하면 영화에 나오는 우주선 밀레니엄 팔콘의 선장, 한 솔로 흉내를 냈어. (실은 지금도 그래.) 몸에 털이 무성한 형은 자기랑 딱 어울리는 북슬북슬 츄바카를 흉내 내곤 했고.

그래서 제일 친한 친구 마크가 〈스타워즈〉를 형편없는 영화라고 했을 때 내 귀를 의심했어.

글쎄, 〈고스트버스터즈〉가 더 좋은 영화라는 거야!

아니, **뭐라고?** 먹깨비인지 뭔지 형광 녹색 덩어리가 나오는 영화가 〈스타워즈〉보다 낫다고?

나랑 제일 친한 친구가 어떻게 그런 생각을 할 수 있지? 그날 나는 수학 수업 내내 마크에게 한마디도 걸지 않았어.

그런데 이런 내 생각에는 우리 가족의 취향이 알게 모르게 영향을 미쳤을 가능성이 매우 커. 너도 그럴 가능성이 매우 크고. 생각해 보면 나는 〈고스트버스터즈〉를 딱 한 번 봤고, 그마저도 지리 숙제를 하느라 보는 둥 마는 둥 했어. 게다가 절반쯤 봤을 때 엄마가 들어와 영화를 꺼 버렸어. 핼러윈 파티 분장을 너무 리얼하게 한 마크를 보고 기겁한 뒤로 귀신이라면 질색이거든. 어쨌든 나는 〈고스트버스터즈〉가 어떻게 끝나는지도 몰라. 흠… 아무래도 〈스타워즈〉가 최고의 영화라는 결론을 내리기 전에 〈고스트버스터즈〉를 한 번 더 봐야겠어.

우리는 다른 가족도 자신의 가족과 같을 거라고 쉽게 착각해. 안 그래도 잘못된 판단을 내리게 만드는 방해 요소가 많은데 말이야. 남들이 나와 똑같은 걸 좋아하고, 똑같이 행동하고, 똑같이 생각하리라 지레짐작하지. 다른 가족들도 우리 가족과 취향이 같고 의견도 같기를 기대하는 거야. '다를 이유가 없지 않나?'라고 생각하고 말이야.

하지만 집집마다 생각은 모두 달라. 그것도 많이. 아래 적은 것처럼 이런저런 영향을 받기 때문이야.

- 믿는 종교가 다르다.
- 정치에 관한 견해가 다르다.
- 응원하는 축구팀이 다르다.
- 취침 시간이 다르다.
- 아침 식사 메뉴가 다르다.
- 즐겨 입는 옷 스타일이 전혀 다르다.

이토록 서로 다를 이유가 많은데 어떻게 다른 가족과 우리 가족의 의견이나 생각이 늘 일치하겠어. 취향도 다를 수밖에 없지.

색안경을 끼고 보지 마요

네가 물건을 사거나, 의견을 나누고, 하다못해 제일 좋아하는 영화를 고르는 일까지 모두 외부로부터 영향을 받는다는 걸 알았지? 그런데 **남이 나를 대하는 방식**도 무언가의 영향을 받아 바뀔 수 있어.

만약에 새로운 담임 선생님이 내 작년 생활 기록부를 살펴보는데, 거기 내가 말을 안 듣고 과학 시간에 집중을 잘 안 한다고 적혀 있다면 어떨까? 그 순간 나를 바라보는 선생님의 시각에는 닻이 내려져. 내가 〈해리 포터〉의 악동, 드레이코 말포이와 짱구를 합한 것보다 더 말썽쟁이라는 편견이 생기지. 고정관념이 한번 생기면 뭘 해도 좀처럼 바뀌기 쉽지 않아. 새 학기부터는 다시없을 모범생이 된다고 해도 처음부터 믿음을 얻기는 어려울 수 있어. 생활 기록부라는 외부 요인 때문이지.

필런 선생님도 마찬가지야. 피부색만 보고 내가 카레를 잘 만들 거라는 성급한 결론을 내린 거 기억나지? 안타깝게도 이런 일은 자주 일어나. 누군가 외부 요인의 영향으로 나에 대해 잘못된 판단을 하면 참 속상할 거야.

의사 선생님도 틀릴 때가 있어

의사조차 잘못된 판단을 내릴 수 있어. 네가 배가 자꾸 아파서 병원에 갔다고 해 보자. 알고보니 밀 알레르기가 있다는 진단과 함께 슬프게도 앞으로 도넛을 먹지 말라는 처방이 떨어졌지! 그런데 또 배가 아파 병원에 갔더니 의사가 전에 내린 진단을 닻, 즉 기준점으로 삼은 거야. 네가 못 참고 도넛을 먹었구나 지레짐작하고는 통증이 전과 다르다는 말을 귀담아듣지 않은 거지. 그런데 알고 보니 맹장이 문제였을 수 있어. 정작 아픈 이유는 따로 있는데, 전에 내린 진단에 사로잡히면 놓칠 수가 있는 거지.

그러니까 어떤 사람이 너와 관련된 중요한 결정을 내렸는데, 그 결정이 의심스러우면 주저하지 말고 정중하게 의문을 제기하도록 해. 의사나 선생님처럼 권위 있는 사람이더라도 상관없어. 어떠한 이유로 그 결정을 내렸는지 물어봐. 제대로 된 판단을 내리기 전, 무언가의 영향을 받아 머릿속에 닻이 내려진 건 아닌지 꼭 알아보라는 거야.

소셜 미디어(SNS)의 화려한 유혹

호날두 같은 스포츠 스타가 아니더라도 매일 누구나 소셜 미디어의 영향을 받아. (소셜 미디어는 대부분 13세 이상만 가입할 수 있어. 이건 너를 보호하기 위한 규칙이야. 곧 살펴보겠지만 온라인에서는 조심해야 할 일이 많거든.) 놀이터를 아수라장으로 만드는 틱톡 챌린지부터 가짜 뉴스 때문에 벌어지는 말다툼까지, 왁자지껄한 소셜 미디어의 영향에서 벗어나기란 불가능해. 그러니 싫거나 관심이 없더라도 소셜 미디어가 우리 삶에 어떤 식으로 영향을 미치는지 알아두는 게 좋아. 무턱대고 휩쓸리지 않으려면 말이야.

혹시 전 세계에서 소셜 미디어를 이용하는 사람이 48억 명쯤 된다는 거 알고 있어? 소셜 미디어를 보는 시간은 하루 평균 2시간 30분에 달한대. 와, 꽤 긴 시간이야. 하루에 8시간 정도 잔다고 하면 깨어 있는 시간의 4분의 1은 소셜 미디어를 보는 셈이지! 귀여운 동물 사진이나 연예인의 새로운 헤어 스타일을 그만큼이나 들여다보고 있는 거라고.

바꿔 말하면, 소셜 미디어를 통해 매일 수십억 명에게 영향을 줄 수도 있지. 문제는 그 영향이 늘 좋지만은 않다는 거야.

소셜 미디어가 무조건 나쁘다는 뜻은 아니야. 물건을 사거나, 사람들과 소통하거나, 뉴스를 읽거나, 세계 곳곳에서 일어나는 일을 접할 수 있는 유용한 공간이기도 하니까.

하지만 문제가 생기는 공간이기도 해. 모든 사람이 소셜 미디어에서 정직한 건 아니거든. 그다지 품질이 좋지 않은 물건도 그럴싸하게 보일 수 있고, 보이는 것보다 좋지 않은 물건을 사게 될 수도 있지.

나도 소셜 미디어를 통해 셔츠를 산 적이 있어. 그 셔츠를 입은 사진 속 남자가 정말 멋져 보였거든. 은색 단추가 달린 짙은 녹색 면 셔츠를 입은 남자는 야자수에 기대어 있었어. (그때는) 정말 근사해 보이고 나도 그 남자처럼 되고 싶어서 셔츠를 샀지만, 헛된 바람이었어. 배송된 셔츠는 사진 속 셔츠와 전혀 달랐거든. 속이 훤히 보이는 소재에 치수는 예상보다 세 배나 큰 데다⋯ 테니스공 색깔이었어. 셔츠를 입고 거울을 보니 괴상한 색의 텐트를 걸친 것만 같았지.

소셜 미디어에 올라오는 가짜 뉴스도 문제지. (가짜 뉴스는 뒤에서 제대로 다룰게.) 게다가 걱정스러울 정도로 많은 사람이 필터로 사진 속 자신의 외모를 바꿔 올리거나, 실제와는 좀 다르게 꾸민 일상을 올리고 있어. 나쁜 부분은 잘라 내고, 좋은 부분만 돋보이도록 편집하는 거야. 한껏 재밌어 보이는 장난이나 모험 사진으로 팔로워들의 눈길을 끌기도 하고.

어떤 사람들은 이런 게시물을 보며 우울감에 빠져. 소셜 미디어에 올라오는 사진들에 비해 내 삶은 재미없고 지루한 것처럼 느껴지거든. 다른 사람들만큼 멋지지 않고, 외모도 떨어지는 것 같지. 팔로워 수도 적고 인기도 없다고 생각할지 몰라.

하지만 내가 산 테니스공 셔츠를 떠올려 봐. 그 셔츠는 사진 속 셔츠와 **영 딴판**이었어. 온라인 콘텐츠는 이런 경우가 아주 많아. 실제 모습과 다르기 쉽고, 삶을 그대로 반영하지도 않지.

그러니까 소셜 미디어의 영향에 휘둘리지 마. 인터넷에서 무엇을 봤든 기죽지도 말고. 너는 충분히 멋진 사람이니까. 그리고 네 머릿속에서 어떤 일이 일어나는지 제대로 알면, (이 책이 도와줄 거야!) 네 모습을 외부의 요인에 휘둘리지 않고 제대로 볼 수 있어.

덧붙이자면 소셜 미디어의 팔로워를 돈 주고 살 수 있다는 거 알아? 네가 본 계정의 팔로워 수도 진짜가 아닐지 몰라.

영향에서 벗어나기

닻, 친구, 가족, 인터넷 등은 자기도 모르는 사이에 영향을 미치기 때문에 그 영향에서 벗어나기란 쉽지 않아. 그래도 생각과 의견을 잘

다루는 좋은 방법이 있기는 해. 바로 **다른 관점으로 문제를 바라보는 거야**. 이 방법을 따르다 보면 생각 자체가 바뀌기도 해.

예를 들면 이런 식이지. '겨자색 이 소파를 꼭 사야 하나? 안 사면 어떨까?' 또는 '세상에서 제일 한심한 놈이라고 마크를 욕하기 전에 〈고스트버스터즈〉를 다시 한번 봐 볼까?'

이렇게 잠시 다른 관점을 떠올리면 느리게 생각하기가 마법을 부릴 여유가 생겨. 그러면 생각 자체는 바뀌지 않더라도 외부의 영향에 휘둘리지 않고 스스로 결정을 내렸다는 확신이 생기지.

꿀팁 주목!

이건 비밀인데… 협상할 때 닻 전략을 너에게 유리하게 활용할 수 있어. ※부모님은 내용이 마음에 안 들 수도 있으니 이 부분을 건너뛰시오.

앞으로 휴대 전화, 게임, 수학 숙제(이건 내 경고를 무시하고 계속 이 글을 읽고 있을 부모들을 위해 넣었어!)를 위한 시간을 늘리고 싶을 때 닻 전략을 써 봐.

원하는 활동을 하루에 1시간 더 하고 싶다면, 5시간을 더 하게 해 달라고 요구하는 거야. 부모님은 괴성을 지를 거야. 미친 거 아니냐고 하시겠지. (사실 미친 소리이긴 해.) 그럼 그냥 하루에 1시간만 더 늘리는 걸로 양보하겠다고 해. 그러면 부모님은 다행이다 싶어 허락할 거야. 5시간이라는 닻, 즉 기준점이 잡힌 뒤라 1시간은 전혀 길게 안 느껴지거든. 어때, 기막힌 방법이지?

3장 진짜 생각을 방해하는 가짜 뉴스

자, 소파 사건 후기를 들려줄게. 일단 소파는 가구점으로 돌려보냈어. 소파를 우리 집 안으로 들이려면 현관 출입구를 넓혀야 하는데, 견적을 받아 보니 공사에 150만 원이 든다는 거야. 다시없을 파격 할인 제품이었던 소파는 한순간에 처치 곤란한 짐이 됐어.

결국… 엄마가 직접 소파를 챙겨 가구점으로 환불을 받으러 갔어. 아빠는 믿음이 안 갔거든. 환불하러 갔다가도 도로 집에 소파를 가져올지도 모른다고 생각한 거지. '끝장 세일'이라는 문구를 붙여 둔 벨벳 소재의 킹사이즈 침대에 혹하기라도 하면 큰일이잖아.

그렇게 모든 게 정상으로 돌아왔어. 우리 가족은 익숙한 소파와 함께 평화로운 일상을 되찾았지.

그러던 어느 일요일 아침.

아빠가 줄넘기를 하고 있을 때였어. 아빠는 (아빠의 표현을 빌리자면) '늘씬한' 몸매를 유지하려고 매일 줄넘기를 3000개씩 하거든. 그런데 우리 아빠는 줄넘기 없이 줄넘기를 해.

누구라도 정말 이상하다고 생각할 거야. 하지만 아빠가 생각하기엔 줄넘기를 사지 않는 게 경제적으로 현명한 선택이야. (또 한번 아빠의 표현을 빌리자면) 쓸모없는 줄을 뭐하러 사? 그냥 허공에서 뛰어도 되는데 왜 돈을 써야 하지? 풍차 돌리듯 손목을 돌리면서 줄 넘는 흉내만 내면 되는데 말이야.

아빠가 거실에서 숨을 헐떡이며 줄넘기하는 흉내를 내는 동안, 엄마는 침실에 도배를 하고 있었어. 우리 엄마는 과감한 벽지를 좋아해. 귀여운 꽃무늬나 육각 무늬 벽지로는 부족하지. (그동안 엄마가 완성한 셀프 인테리어가 한둘이 아니지만) 이번 프로젝트는 특히 더 과감했어. 미국 마이애미의 어느 해변을 통째로 옮겨 놓은 듯한 벽지를 고른 거야. 영국의 가정집에서도 휴가 온 기분을 느끼고 싶었다나.

뭐, 그리 나쁜 생각은 아니었어. 하지만 엄마는 벽지를 바르면서 몇 가지 문제를 겪었고, 그제야 왜 도배를 전문으로 하는 기술자가 있는지 깨달았어. 방향을 잘못 잡았는지 벽지에 그려진 바닷가 오두막들이 천장 근처에 거꾸로 붙어 있더라고.

나는 엄마 아빠 일에 최대한 끼어들지 않으려 애썼어. 줄 없이 줄넘기를 하든 벽지를 거꾸로 붙이든 관심을 껐지. 그냥 내 방에서 뒹굴면서 탁구공을 갖고 놀고 있었어. 탁구공이 옷장과 전등갓에 차례로 부딪혔다가 돌아오게 하면서 말이야. 네 번 연속으로 성공해 신기록을 세우고 있던 바로 그때, 형의 비명 소리가 들려왔어.

으아

아아악!

"세상에, 말도 안 돼! 빅 레드 시자의 말이 맞았어! 웩, 울렁거려! 토할 거 같아! 분명 우두둑 씹혔다고!"

조금 전까지만 해도 쿨쿨 자고 있던 형은 계단을 우당탕 내려가더니 화장실로 뛰어 들어갔어. 그러고는 변기를 붙잡고 기억에서 영영 지우고 싶은 소리를 내며 구역질을 해 댔지.

엄마는 대체 무슨 일인지 살피러 비치 볼이 그려진 벽지 뒤에 풀을 바르다 말고 뛰어갔어. 아빠는 꿋꿋이 줄넘기를 하고 있었고. 2795번까지 뛰어서 지금 멈추기에는 너무 아까웠거든.

그런데 도대체 무슨 일이었을까?

나는 방에서 나와 형에게 어찌 된 일인지 물었어. 곧 설명을 듣고 나선 그냥 방에서 탁구공 던지기나 계속할걸 하고 후회했지.

형은 실수로 **거미**를 먹었다고 했어. 형이 친 난리의 수준과 구역질 소리로만 보면 타란툴라 정도는 먹은 모양이었어.

그래, 네가 무슨 생각하는지 알 것 같아.

이건 또 무슨 뚱딴지 같은 이야기인가 싶지? 생각과 의견, 논쟁에 관한 책이라고 해 놓고는 갑자기 형이 아침으로 거미를 먹은 기억을 왜 더듬거리나 싶을 거야.

지금 당장 이 책을 그만 읽고 싶대도 이해해. 하지만 그러지는 마. 포기는 좋은 선택이 아니니까. 어쨌거나… 이 이야기를 들려주는 **분명한** 이유가 있다는 것만 알아줘. 이제 곧 밝혀질 거야.

형한테는 '빅 레드 시자'라고 불리는 학교 친구가 있는데, 그 친구가 그랬대. 사람은 살면서 평균 여덟 마리의 거미를 먹는다고. 그것도 자는 동안 말이야. 입을 떡 벌린 채 침 흘리며 자고 있으면 다리 여덟 개 달린 탐험가들이 무방비한 입속으로 기어들어 간다는 거야. 앞서 말했던 값비싼 핫도그를 먹는 꿈을 꾸는 중일 수도 있겠지. (곧 네 꿈에도 핫도그가 나올지 모르겠네.)

그날 아침, 형은 잠에서 깨자마자 입술에 무언가가 붙어 있는 걸 느꼈고 그게 거미 다리인 줄 알았어. 그러고는 (빠르게 생각하기의 결과로) 나머지 다리 일곱 개와 털이 북슬북슬한 몸통은 이미 목구멍으로 넘어갔다는 결론을 내렸지.

우웨에에엑. 생각만 해도 매스껍네.

하지만 내가 보기에 그건 터무니없는 결론이었어. (이제 이 이야기를 꺼낸 이유가 나와.) 느리게 생각하기로 잘 따져 보면 말도 안 되는 이야기였거든. 거미는 보통 마루 아래 살면서 자기를 밟을지도 모르는 인간들을 열심히 피해 다녀. 걔네 입장에선 우리 형이 요란한 소리를 내는 거대한 땅덩어리 같을 텐데, 밤중에 뜬금없이 기어 나와 형의 목구멍 속으로 곤두박질쳐서 생을 마감

할 리가 없잖아. 안 그래?

그래서 나는 아빠가 남은 줄넘기 45개를 뛰는 동안 이 사건을 자세히 알아보기로 했어.

빅 레드 시자가 가짜 뉴스의 희생양이었다는 건 조사가 시작되자마자 밝혀졌어. 시자 형에게 거미 이야기를 한 건 같은 축구팀 주장이었어. 팀의 주장이 하는 말이니 다들 사실로 믿은 거야.

그리고 (우리 형 반에서 제일 멋진 형인) 빅 레드 시자가 거미 이야기를 자꾸 자신만만하게 하니까 형은 이 **가짜 뉴스**를 사실로 받아들였어. 사실과는 전혀 상관없는데 말이야.

가짜 뉴스

가짜 뉴스는 '정식 뉴스나 사실처럼 제공되지만 사실이 아닌 정보'야.

2017년에 콜린스 사전은 '가짜 뉴스'를 올해의 단어로 선정했어.

콜린스 사전은 이름이 '콜린'인 사람들을 위한 사전이 아니라, 사람들에게 인정받는 꽤 권위 있는 사전이야. 그러니 이 사전을 만든 사람들이 수를 제대로 못 세는 것 같더라도 그냥 넘어가 주자. ('가짜 뉴스'는 두 단어니까 '올해의 단어'가 아니라 '올해의 단어들'이라고!)

여하튼 이것만 봐도 가짜 뉴스가 얼마나 심각한 문제인지 알 수 있어. '올해의 단어(들)'로 뽑힐 정도면 자주 쓰이는 단어라는 거잖아. 가짜 뉴스가 넘쳐 난다는 뜻이지. 우리 집에서 자주 쓰는 '샌드위치'나 마찬가지로 우리 집에서 자주 들리는 '소파'를 제치고 올해의 단어로 뽑혔다는 건 그만큼 '가짜 뉴스'가 우리 주위에 흔하다는 뜻이야. 이건 상당히 걱정스러운 현상이야. 사실이 아닌 내용을 거리낌 없이 말하거나 글로 쓰는 사람들이 있다는 거니까. 이 사람들은 거짓을 사실처럼 꾸며서 퍼트려. 다른 사람들이 거짓 정보를 믿도록 만들겠다는 목적만으로 말이야.

그런데 가짜 뉴스는 흔하기는 하지만 대단히 **새로운 뉴스**는 아니야. 수천 년 전부터 있었거든.

역사 좋아해? 싫어한다고? 자, 조금만 참고 들어 봐. 숫자도 제대로 셀 줄 모르는 콜린스 사전 이야기보다는 재미있을 거야.

로마 시대에도 가짜 뉴스를 이용하는 사람이 있었어. 자신이 원하는 방향으로 대중의 생각을 조종하기 위해서였지. 로마의 장군, 율리우스 카이사르의 양아들이었던 옥타비아누스는 로마의 황제가 되기 위해 가짜 뉴스를 활용하기로 했어. 사람들을 자기편으로 만들고, 경쟁자였던 마르쿠스 안토니우스를 물리치기 위해서였지.

옥타비아누스가 퍼트린 가짜 뉴스는 마르쿠스 안토니우스가 지도자의 덕목을 갖추지 않았다는 소문이었어. 클레오파트라 여왕과 연애하느라 정신도 없고 술을 마시느라 바빠 나라를 잘 다스릴 수 없다는 내용이었지. 물론 그때는 인터넷이 없어서 동전에 가짜 뉴스를 새겨 퍼트려야 했어. (페이스북에 퍼트리는 것보다 돈이 많이 들었을 거야.) 어쨌든 이 전략은 성공했고, 옥타비아누스는 아우구스투스 카이사르로 불리며 40년 넘게 로마를 통치했어.

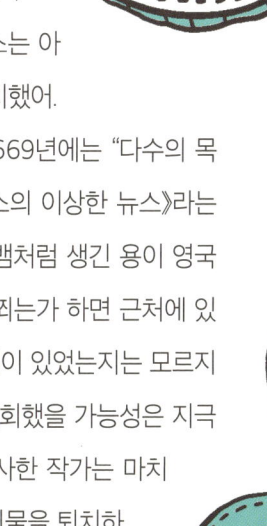

가짜 뉴스를 퍼트린 건 로마인들뿐만이 아니야. 1669년에는 "다수의 목격자"가 봤다면서 용의 모습을 자세히 묘사한 《에섹스의 이상한 뉴스》라는 작은 책자가 출간됐어. 이 책자에 따르면, 날개 달린 뱀처럼 생긴 용이 영국 에섹스 지방 강가에서 어슬렁거리고, 언덕에서 볕을 쬐는가 하면 근처에 있던 암소를 잡아먹었대. 약 350년 전에 정확히 무슨 일이 있었는지는 모르지만, 일광욕하고 고기를 먹는 괴물이 에섹스 거리를 배회했을 가능성은 지극히 낮아. 하지만 이 기이한 짐승의 모습과 행동을 묘사한 작가는 마치 사실인 듯 글을 썼어. 이 글을 믿은 불쌍한 사람들은 괴물을 퇴치하겠다고 원정을 떠나 소중한 시간을 허비했고.

진짜 우스운 일이지!

요즘 시대에는 가짜 뉴스를 퍼트리기가 훨씬 쉬워. 집에 있는 은식기를 녹여 가짜 뉴스를 새긴 동전을 만들 필요가 없어졌거든. (요새 은식기를 쓰는 집이 있기는 한가? 우리 집은 확실히 아니거든.) 어떤 내용이든 인터넷, 특히 사실 여부를 일일이 확인하지 않는 웹 사이트에 올리기만 하면 돼.

오늘날 우리가 접하는 가짜 뉴스는 가짜라는 걸 알아채고 무시하기가 쉽지 않아. 가짜 뉴스에는 보통 사람들의 관심을 끄는 아주 흥미진진한 제목이 달리거든. 그런 제목을 보면 '와, 이거 흥미로운데?' 생각하면서 나도 모르게 클릭해서 읽게 돼.

<u>가짜 뉴스는 보통 대중의 생각과 결정을 바꾸고 싶을 때 퍼트려.</u>
2016년에는 미국의 대통령 선거를 석 달 앞두고 후보였던 도널드 트럼프와 힐러리 클린턴 두 사람에 관한 가짜 뉴스가 페이스북에서 38만 번이나 공유됐어. 거기다 기사의 절반 이상이 거짓으로 보이는 가짜 뉴스 웹 사이트에는 한 달 동안 1억 5000만 명이 넘는 사람이 방문했지.

그만큼 가짜 정보를 진짜로 믿고 공유하는 사람이 셀 수 없이 많다는 뜻이야. 가짜 뉴스의 정확도는 우리 엄마가 던지는 다트와 비슷해. 하나도 맞지 않지. 학교에서 열린 크리스마스 축제 때 엄마가 다트를 던진 적이 있는데 어떻게 됐는 줄 알아? 그날 이후 교감 선생님이 한동안 다리를 절뚝거리며 다녔다는 것만 말해 둘게.

너도 언제든 가짜 뉴스에 속아 거짓 정보를 사실로 믿을 수 있어. 지금도 매일 수백만, 수천만 명이 그러고 있으니 말이야.

현실 세계의 가짜 뉴스

위키피디아

혹시 숙제할 때 위키피디아 사이트에 나온 내용을 그대로 베껴 낸 적 있어? 없다고? 정말? 단 한 번도? 혹시 부모님과 같이 이 책을 읽고 있어? 이르지 않을 테니까 말해 봐.

그런 적 있다고? 그래, 그럴 줄 알았어.

가짜뉴스.com

그런데 그거 알아? 위키피디아 항목은 누구나 수정할 수 있어. **말 그대로 누구나.**

너도 지금 당장 위키피디아에 접속해 너를 저스틴 비버의 사촌이나 카다시안 집안의 여섯 번째 딸로 적어 둘 수 있어. 곧 다시 원래대로 정보가 바뀌겠지만, 그전까지는 누구든 마음만 먹으면 진공청소기를 발명하거나 스톤헨지를 쌓아 올렸거나 1432년에 유럽을 지배한 사람이 될 수 있지.

꼭 위키피디아 사이트가 아니더라도 인터넷에는 누구나 정보를 올릴 수 있는 참여형 정보 사이트가 많으니 조심해!

> 가짜뉴스.com
>
> 어떻게 아냐고? 누군가가 나에 관한 위키피디아 항목을 수정한 적이 있거든. 내가 스포츠 의류 가게를 운영한다는 내용이 어느새 추가됐더라고. 우리 지역에서 제일 좋은 운동복과 운동화를 판다나 뭐라나.
>
>

 솔직히 좀 실망스러웠어. 너무 시시하잖아. 해리 스타일스의 백업 가수였다는 내용 정도는 돼야지. 인기곡 〈워터멜론 슈가Watermelon Sugar〉 가사도 다 외우는데 말이야.

 어쨌든 나는 스포츠 매장을 운영하지 않아. 매장이 있다는 곳에 가 본 적도 없어. 그러니까 '매슈 사이드 스포츠'에 새 운동화를 사러 가겠다고 길을 나서지는 말아 줘. 그 가게는 이 세상에 없거든. 있었다면 내가 이렇게 후줄근하게 입고 다녔겠어?

 어쨌거나 이런 사소한 정보가 **가짜 뉴스**라는 걸 어떻게 판별할 수 있겠어? 내 위키피디아 항목에는 사실인 정보도 많이 실려 있거든. 내가 탁구 선수로서 올림픽에 두 번 출전했다는 점, 책을 낸 작가이면서 신문 기자라는 점, 엄마가 영국 웨일스 출신이고 아빠는 파키스탄 출신이라는 점, (안타깝지만) 내가 대머리라는 점은 다 사실이야.

> 가짜뉴스.com
>
> 한 가지 확실한 진실을 말하자면, **진실은 한눈에 알아보기 어려워.**

그러니까 (숙제할 때 전보다 힘들어지겠지만) 어떤 정보가 사실이라는 증거는 직접 찾아야 해. 인터넷에서 접한 내용이 당연히 모두 사실일 거라고 기대하지도 말고.

우선 내가 신은 운동화만 봐도 알 수 있어. 10년 된 운동화거든! 스포츠 매장을 운영하는 사람이 신을 만한 운동화가 절대 아니라고. 게다가 인터넷에서 '매슈 사이드 스포츠'를 검색해 보면 내가 (촌스러운 운동복을 입고) 탁구를 하는 오래된 사진말고는 아무것도 안 나와. 매장에 전화를 걸어도 아무도 안 받을 거고. 애초에 매장의 전화번호를 찾을 수도 없겠지만.

이렇게 증거를 찾다 보면 영국에 있다는 '매슈 사이드 스포츠' 매장은 이 세상에 존재하지 않는다는 사실을 알게 될 거야.

그나저나 놀랍지 않아? 내 위키피디아 항목을 고치는 데 시간을 쓸 만큼 할 일 없는 사람이 있다는 게 말이야.

이런 사람들은 어딘가에 분명 존재해. 나 같은 사람의 소개를 바꿀 정도면… 나보다 훨씬 중요한 사람이나 역사적 사건에 관한 소개 페이지에도 언제든 가짜 정보가 실릴 수 있어.

행성 니비루

행성 니비루라고 들어 본 적 있어? 없다고? 그럴 줄 알았어.

인터넷에서 검색해 보면 '니비루' 또는 '행성 X'라고 불리는 천체에 관한 콘텐츠가 아주 많이 나올 거야. 니비루는 태양계의 아홉 번째 행성으로, 궤도상 언젠가 지구와 충돌할 거라고 알려진 천체야.

세상에, 그럼 큰일이잖아!

잠깐! 행성 충돌에 대비하겠다고 지하 벙커부터 파기 전에 이 이야기가 정말 사실인지 따져 보자.

여기 주장이 서로 다른 두 집단이 있어.

나사(NASA, 미국 항공 우주국) 나사에서 일하는 과학자들은 지구의 열 배 크기인 아홉 번째 행성이 조만간 우리 집 거실에 떨어질 거라는 주장을 믿지 않아. 이런 문제에 있어 전문가로 통하는 사람들이지.

행성 충돌설을 믿는 사람들 천문학자들은 오래전부터 태양계의 아홉 번째 행성을 찾으려 노력했어. 그러다 1976년에 인간이 아직 발견하지 못했지만 태양을 한 바퀴 도는 데 3600년이 걸리는 행성에 관한 책이 출간됐어. 행성 니비루가 처음 등장한 거지. 그런 뒤 1995년에 낸시 리더라는 여자가 미심쩍은 분석 결과를 내세우면서(자기가 외계인의 조언을 받고 있다고 주장했지), 니비루 이야기에 불을 붙였어. 낸시는 정확히 2003년 5월 27일에 니비루가 지구와 충돌할 거라고 주장했어. 이 주장은 당시 '뉴욕 타임스'에 실릴 정도로 화제가 됐어. 소문에 따르면 낸시는 사람들에게 집을 팔고 반려동물을 안락사시키고 지구 종말에 대비하라고 조언했대.

자, 어떻게 됐게? **그런 일은 일어나지 않았어.** 이제 낸시와 그녀의 추종자들은 생각을 바꿨을까? 지구와 니비루의 충돌 시나리오는 완전히 잘못된 예측이라고 말이야.

아니. 그러기는커녕 아주 이상한 일이 일어났어. 세상의 종말이 다가오고 있다는 확신이 더욱 강해진 거야! 종말론자들은 어째서 아무 일도 일어나지 않았는지 의문을 품는 대신, 시기가 늦춰졌을 뿐 행성 니비루가 언젠가 충돌할 거라고 믿었어. 결국 지구의 마지막 날을 2012년으로 바꾸기만 했지.

2012년이 다가오자 급기야 나사가 직접 나서 어떤 행성도 지구와 충돌할 가능성은 없다는 성명을 냈어. 가족들과의 마지막 식사를 준비해야 하는 건지 고민하는 전 세계 사람들로부터 매주 엄청난 양의 전화와 이메일을 받았거든.

정작 2012년에도 행성 니비루는 코빼기도 보이지 않았지만, 니비루를 믿는 사람들은 뜻을 굽히지 않았어. 지구 종말의 날을 2017년으로 한 번 더 미룰 뿐이었지.

물론 2017년에도 지구는 무사했어. 세 번 실패한 후에야 충돌설을 믿는 사람들은 잠잠해졌어. 계속 지하 벙커에 머무르긴 했지만 말이야. 그들 중 일부는 니비루가 지구에 도착해 자신들의 주장을 사실로 입증해 줄 날을 여전히 기다리고 있을지도 몰라.

다시 다루겠지만 이건 함께 생각해 볼 만한 아주 **중요한 문제**야. 이 사람들은 대재앙으로 세상이 종말을 맞으리라 예측했고… **그 예측은 빗나갔어.** 그래서 기뻐했을까? 벙커를 만들겠다고 그만둔 일자리를 되찾고, (너무 이르긴 하지만) 새 반려동물을 들였을까? 아니, 그러지 않았어. 그냥 종말이 오는 날짜만 바꿨지. **이 사건은 자신이 틀렸다는 사실을 인정하기가 얼마나 어려운지 잘 보여 줘.** 우리라고 다를까? 가족과 친구들에게 세상이 5월 27일이면 끝날 거라고 자신 있게 말했다면 어떨 거 같아? 네 말만 믿고 주변 사람들이

> 기르던 금붕어를 입양 보내고, 자동차를 팔고, 친구에게 작별 인사를 했다면? 그런데 5월 27일에 아무 일도 일어나지 않았다면? 터무니없는 소문 때문에 평생 모아 둔 적금을 깼다면? 과연 너는 이 사실을 인정할 수 있을까?

아마 그러기 어려울 거야. 차라리 계속 믿는 척 하는 게 낫지 않을까? 기다림이 조금 길어졌을 뿐, 언젠가 일어날 일은 일어날 거라고 자신을 속이면서 말이야.

무언가를 한번 믿기로 하면 그 믿음을 버려야 할 때가 와도 인정하기 어려워. 그래서 내가 누구 또는 무엇의 영향을 받고 있는지 꼭 살펴야 하지. 아무 의심 없이 외부의 영향을 모조리 받아들이면 터무니없는 가짜 뉴스도 진짜인 양 온 세상에 퍼트릴 수 있어!

자, 다시 원래 주제로 돌아가 보자. 행성 니비루가 지구에 충돌하리라는 건 **가짜 뉴스**야. 하지만 인터넷에 꽤 널리 퍼진 이야기지. 이런 상황에서 이 이야기가 가짜라는 건 어떻게 알 수 있을까?

나사가 가짜라고 했으니 그 말을 그냥 믿으면 될까? 나사는 미국 정부가 관리하는 항공 우주 전문 기관이잖아. 수십억 달러를 들여 이런 종류의 문제를 조사하는 기관이 니비루를 못 찾았다면 없는 거 아니겠어?

하지만 '전문가'의 말이 늘 맞는 건 아니야. 전문가조차 우주와 관련된 중요한 문제를 잘못 알고 있었던 사례가 역사적으로 꽤 많거든. 전문가를 포함해 온 세상 사람들이 지구를 우주의 중심이라고 생각하던 시절이 있었는데, 기억 나? (당연히 안 날 거야. 네가 태어나기 약 490년 전 일이니까.)

그렇다면 가짜 뉴스에 속아 휘둘리지 않고 무엇이 진짜 정보인지 제대로 알아내려면 어떻게 해야 할까?

바로 어떤 **증거**가 있는지 잘 따져 봐야 해. 증거를 토대로 네 스스로 진실을 가려내는 거지.

증거 1

니비루 또는 행성 X를 본 사람은 아무도 없어. 우리 태양계에 아홉 번째 행성이 있을 가능성을 보여 주는 증거가 있기는 해. 이건 나사도 동의했어. 하지만 아홉 번째 행성이 있다고 해도 그 행성이 지구와 충돌할 거라는 증거는 없어.

증거 2

인터넷에 떠도는 니비루에 관한 글을 읽어 보면 어떤 내용은 꽤 그럴듯해. 이럴 때 따져 봐야 할 게 있어. 이 이야기는 애초에 어디에서 시작됐지? 조금만 자세히 파 보면 이 모든 이야기가 외계인의 조언을 받고 있다고 믿는 어떤 사람의 주장에서 비롯됐다는 걸 알 수 있어. 딱히 믿을 만한 출처는 아닌 거지.

자, 이제 가짜 뉴스를 가려내는 데 유용한 방법들을 알려 줄게.

꿀팁 주목!

1. 누가 쓴 글이야? 인정받는 작가나 기자야? 허황된 이야기(《에섹스의 이상한 뉴스》, 기억나지?)가 아니라 진짜 뉴스를 쓰는 전문가가 맞아?

2. 글의 목적이 뭐야? 글쓴이나 글이 올라간 웹 사이트에서 무언가를 팔지는 않아? 어처구니없고 호기심을 자극하는 제목이 달린 기사를 본 적 있을 거야. "생선 튀김으로 변한 남자" 같은 제목을 보면 나도 모르게 기사를 클릭하게 돼. 그런데 막상 글을 읽어 보면 제목에 속았다는 걸 알게 되지. 이 기사도 어떤 남자가 생선 튀김으로 변하는 꿈을 꾼 거였고 진짜 목적은 식기세척기를 광고하는 거였어.

3. 글의 내용을 다른 데서도 찾을 수 있어? 다른 출처에서도 같은 이야기가 나와? 아니면 처음 접한 글에서 밝히지 않았던 숨겨진 이야기가 있어? 같은 정보가 적어도 세 군데 매체에 나와 있어?

4. 글이 실린 곳이 유명한 웹 사이트야? 철자 오류나 문법 오류가 있지는 않아? (내 글이 실리는) '타임스' 같은 신문사에는 신문이 인쇄되기 전에 실수를 고치고 사실을 확인하는 전문가와 편집자가 많아. 가짜 뉴스 사이트는 이런 전문가가 거의 없으니 초등학교 1학년생도 안 할 실수를 찾을 수 있을 거야!

5. 사진은 편집할 수 있다는 거 잊지 마. 카메라는 얼마든지 거짓말할 수 있단 뜻이야. 그러니 사진이나 동영상 속 내용이 다 진짜라고 쉽게 결론 내리지 마.

학교에도 가짜 뉴스가?

학교에서는 가짜 뉴스가 늘 돌아다녀. 시험공부 안 했다면서 점수 잘 받는 애들 있지? 1등이 하고 싶었거나 너보다 시험을 더 잘 보고 싶은 마음에 그랬을 거야. 이유가 무엇이든 그 애들의 말도 가짜 뉴스라면 가짜 뉴스지.

네가 초대받지 못한 생일 파티에 간 애들이 인생 최고의 날을 보냈다고 자랑할 수도 있을 거야. 그런데 정말 그랬을까? 그것도 가짜 뉴스는 아닐까? 어쩌면 비가 쏟아져 주차 빌딩에서 놀아야 했던 내 열한 번째 생일 파티 같았을 수도 있어.

인스타그램용 사진

자, 인터넷을 하다가 사진 한 장을 봤다고 해 보자. 부러울 정도로 예쁜 소녀의 사진이지. 누가 봐도 사랑스러운 소녀가 근사한 해변을 배경으로 포즈를 취하고 있고, 해외 느낌 물씬 나는 화려한 사진 아래에는 '인생 최고의 날. 히히!'라고 적혀 있어. 꼭 딴 세상 사람처럼 느껴질 거야. 오늘따라 우산을 안 챙겨 와 비 맞으며 버스 정류장에 서 있는 자신은 초라하게 느껴질 테고.

하지만 이 사진은 진짜가 아닐 수도 있어. 가짜 사진 하나 때문에 괜히 네 기분을 망쳤을 수도 있다고.

사진을 '조작'하는 건 정말 쉬워. 하늘은 더 파랗게, 모래사장은 더 하얗게, 바닷물은 더 반짝이게 바꿀 수 있어. 마찬가지로 피부는 더 매끈하게, 더 짙은 구릿빛으로 빛나게 할 수 있지. 다리도 더 길고 가늘게 바꿀 수 있고. 이 모든 작업이 스마트폰에서 터치 한 번이면 끝나.

그뿐만이 아니야. 소녀의 미소는 진짜일까? 사진을 6534장 찍는 걸로 모자라 사진 속 얼굴형을 완벽하게 매만지느라 끙끙대는 상황에서 과연 미소가 절로 나올까? 아마 휴가가 휴가로 안 느껴질 거야.

그러니까 인터넷에서 본 사진 하나로 기분을 망치지는 마. 네 생각이나 기분에 영향을 미치는 가짜 뉴스일 수도 있으니 말이야.

흠… 그러고 보니 좋은 생각이 떠오르는걸? 나도 다음에 셀카를 찍을 때 머리카락을 추가해 봐야겠어!

자, 다시 우리 형과 거미 이야기로 돌아가 보자. 형이 잠에서 깼을 때 입술에 붙어 있던 여덟 번째 거미 다리 기억나? 내가 가까이에서 살펴보니 그건 아빠의 머리카락이었어. 아빠가 바르는 헤어 왁스 냄새가 났고, 거미 다리로 보일 만큼 머리카락이 두꺼운 사람은 가족 중에 아빠뿐이거든.

솔직히 말하라면, 난 아빠 머리카락을 먹느니 차라리 거미를 먹고 말겠어.

이건 가짜 뉴스가 아닌 확실한 '사실'이야.

콜린스 선정 역대 '올해의 단어'

궁금한 독자들을 위해 콜린스에서 선정했던 다른 '올해의 단어'들을 소개할게.

- 2018년의 올해의 단어는 '일회용Single-use'이었어.
  (한 단어처럼 보이려고 하이픈을 넣다니 노력이 가상하네, 콜린!)

- 2019년의 올해의 단어는 '기후 파업Climate strike'이었어.
  (이젠 노력도 안 할 셈이야, 콜린?)

- 2020년의 올해의 단어는 '봉쇄Lockdown'였어.

- 2021년의 올해의 단어는 '대체 불가 토큰Non-fungible token'이었어. (제발, 콜린… 수학 공부 좀 해… 이건 너무하잖아.)

- 2022년 올해의 단어는 '영구적 위기Permacrisis'였다고 해.

4장
말다툼이 도움이 된다고?

혹시 아까 그 비싼 핫도그 생각나? 나는 아직 입맛을 다시고 있거든. 멈추고 싶어도 계속 떠오르는 걸 어쩌겠어.

그래도 이제 핫도그 생각은 멈춰야 해. 다음 주제로 넘어가야 하거든. 앞으로 다룰 주제들은 육즙 풍부한 고기처럼 꽤 알차니 기대해. (뭐야, 이러면 또 생각나잖아!)

지금까지 우리가 어떤 식으로 생각하고 외부의 영향이 우리 생각에 어떻게 닻을 내리는지 즉, 기준을 제공하는지 알아봤어. 그렇다면 외부의 영향을 받지 않은 내 진짜 생각을 다른 사람들에게 전하는 가장 좋은 방법은 뭘까? 그리고 다른 사람들이 내 의견에 동의하지 않으면 어떻게 해야 할까?

어때, 내 말대로 정말 알찬 주제지? 그러니까 이제 그 꿈의 핫도그 생각은 몰아내고 이 주제를 제대로 한번 파헤쳐 보자.

이해 충돌

잭 하비는 나와 닮은 점이라고는 하나도 없는 애였어. 아니, 우리 둘만이 아니라, 가족끼리도 서로 너무 달랐어.

걔네 집은 어마어마한 부자였거든. 잭네 가족은 나는 발음조차 하기 힘든 곳으로 휴가를 다녔어. (어느 여름에는 '타우마타와카탕이항아코아우아우오타마테아투리푸카카피키마웅아호로누쿠포카이웨누아키타나타후'에 다녀왔대. 그게 어디냐고? 나도 몰라. 뉴질랜드에 있는 무슨 언덕 이름이래.)

　잭네 가족은 거대한 저택에 살았어. 집이 어찌나 큰지 정원에 강이 흐른다는 소문이 돌았어. 가짜 뉴스일 수도 있지만. 솔직히 집 정원에 강이 흐른다는 게 말이 돼? 강이 어디 동네 슈퍼에서 막 사 올 수 있는 것도 아니고. 그런데 같은 반 도미니크 라이올이 그러는 거야. 학기 중에 보트 여행을 했는데, 배가 잭네 집 정원을 지나갔다고.
　뭐, 진짜일지도 모르지…. 여하튼 잭네 가족이 엄청난 부자라는 건 **확실했어.**
　우리 가족은 **확실히 아니었고.**
　잭네 엄마가 백화점에서 샤넬 핸드백을 살 때 우리 엄마는 자선 중고 가게에서 핸드백을 샀어. 잭은 최신 나이키 에어 조던 운동화를 신었고, 나는 동네 시장에서 사서 형이 일 년 동안 신고 물려준 운동화를 신었어.
　하지만 우리 가족은 신경 쓰지 않았어. 아니, 의식조차 안 했지.
　그러다 지역 자선 단체를 돕는 과제를 잭과 같이 하면서 상황이 달라졌어. 나는 그 정도면 부활절 연휴에 하기 아주 좋은 숙제라고 생각했어. 작년에 했던 열대 우림 풍경 만들기 숙제보다는 훨씬 나았지. 그 숙제는 정말 악몽 같았어. 공작용 점토로 온갖 정성을 다해 세발가락나무늘보를 만들었는데, 그걸 형이 공 모양 초콜릿인 줄 알고 한 입 베어 물었거든. 놀란 형은 기껏 만들어 놓은 작품에다 마구 침을 뱉어 댔어. 덕분에 내 작품은 엉망진창으로 질척거리는 점토 덩어리가 되어 버렸더랬지.

거기다 대면 이번 숙제는 양반이었어. 주변 자선 단체를 하나 골라 봉사 활동을 하고, 그 내용을 기록하기만 하면 됐으니까 말이야.

마침 어려운 이웃에게 음식을 나누어 주는 푸드 뱅크에서 일하시는 엄마 친구분이 일손이 필요하다고 했어. 도움이 필요한 사람들에게 줄 식품 꾸러미를 포장할 봉사자를 구한다고 했지.

나는 숙제가 간단하게 해결됐다고 좋아하며 잭 하비에게 이 소식을 전했어. 그런데 잭이 아주 멍청한 소리를 했어.

> 그런 일을 도대체 왜 하는데?
> 도울 거면 제대로 된 자선 단체를 도와야지.

잭은 나 같은 바보는 처음 본다는 듯한 표정을 지었어.

> 제대로 된 자선 단체 맞는데?
> 매년 수천 가족을 먹여 살리는 단체야.
> 굶주리는 아이들을 먹이는 건 중요한 일이라고.

내가 더 설명하려 하자 잭이 내 말을 가로막았어.

> 뭐? 빈대 같은 사람들한테 왜 공짜 음식을 줘야 해?
> 그 사람들이 정말 스파게티 한 봉지 살 돈도 없을 거 같아?
> 왜 남을 등쳐 먹고 살아? 정 배고프면 남는 자동차라도 팔면 되잖아.

> 뭐?!
> 지금 그 말 설마 농담이지?

하지만 잭의 말은 농담이 아니었어.

나는 도저히 화를 참을 수가 없었어. 부끄럽지만 너무 화가 난 나머지 엄마가 푸드 뱅크에 기부하라고 준 두루마리 화장지 12개들이 꾸러미로 잭을 내리쳐 버렸어. 다행히 잭은 다치지 않았어. 신상 아디다스 패딩을 입고 있어서 별 충격을 안 받았더라고. 어쨌든 나는 너무 화가 났어. 그런 생각을 입 밖으로 낸다는 게 기가 막혔지. 그런 생각을 한다는 자체도 믿기지 않았고.

그런데 이 사건을 계기로 나는 의문이 생겼어. 잭과 나는 왜 이렇게 의견이 다를까? 같은 학교에, 같은 반이고, 같은 숙제를 하는데도, 우리는 푸드 뱅크가 필요한 이유를 두고 의견이 완전히 갈렸어.

2장에서 살펴봤듯, 우리는 으레 남들도 나와 생각이 같으리라 짐작해. 자기가 지닌 믿음이 닻처럼 작용해 사고방식이 고정된 탓에 다른 사람이 나와 의견이 다르면 뜻밖이라고 느끼는 거지.

잭과 내 문제도 이런 관점에서 분석해 보자고.

나의 닻

우리 아빠는 가족의 생계를 위해 대학교수로 오랜 시간 일했고 엄마는 두 가지 일을 뛰었어. 우리 가족은 돈을 아끼려고 엄마가 슈퍼마켓에서 일하고 공짜로 받아 온 통조림으로 저녁을 해결

했지. 엄마는 흠집이 나거나 라벨이 떨어져 팔 수 없는 통조림을 종종 가져왔어. 그런 날은 복권이라도 당첨된 듯 신이 났지. 한번은 복숭아 통조림 세 개와 로스트 치킨 통조림 네 개, 영국식 아침이 통째로 들어간 듯한 통조림 한 개를 받아 왔는데 얼마나 푸짐했는지 몰라. 잔뜩 먹고 탁구 연습에 가니 속이 조금 (사실은 많이) 메스껍기는 했지만.

다행히 우리 가족은 푸드 뱅크의 음식이 필요하지 않았지만 필요한 사람들이 있다는 건 잘 알아. 옆집에 사는 배리 아저씨도 푸드 뱅크의 도움을 받은 적이 있어. 아내분이 일하던 공장이 문을 닫아 일자리를 잃는 바람에 한동안 형편이 안 좋았거든. 그때 그 집 아이들은 옷을 살 돈이 부족해서 주말에도 가끔 교복을 입어야 했어. 그런 걸 보며 나는 푸드 뱅크가 형편이 어려운 사람들에게 얼마나 큰 도움이 되는지 자연스레 알게 되었지.

잭의 닻

잭은 이웃이 없어. (강이 흐른다는) 정원이 워낙 커서 이웃이라고는 찾아볼 수 없거든. 긴 진입로를 타고 들어가 가로등과 연못을 지나면 잭이 사는 대저택이 나와. 그 앞에는 자동차 네 대가 세워져 있어. 그중 하나는 포르셰고, 하나는 잭의 가족이 거대한 정원을 돌아다닐 때 타는 골프장 카트 비슷한 차야.

잭은 신상품이란 신상품은 거의 다 갖고 있어. 최신 운동화, 옷, 선글라스에 손목시계도 두 개나 있지. 하나는 '등교용'이고 하나는 '주말용'이라나. 주말용 시계가 왜 따로 필요한지는 모르겠지만 말이야. 주말에는 시간이 달라지기라도 하나?

중요한 건 그만큼 나와 잭의 가정 환경이 다르다는 거야. 내가 가진 탁구공을 전부 걸고 말하는데, 잭의 아빠는 줄넘기 줄에 돈을 쓰기 싫다는 이유로 거실에서 상상 줄넘기를 하는 일은 절대 없을걸. 최고급 줄넘기 줄을 사고도 남을 분이지.

푸드 뱅크가 제대로 된 자선 단체가 아니라고 말한 건 잭이 인색하거나 못돼서가 아니야. 잭은 푸드 뱅크가 필요한 사람이 있다는 게 믿기지 않았을 거야. 돈과 비싼 물건이 넘치도록 많으니 음식을 살 여유조차 없는 상황을 상상하지 못한 거지. 자기 집에는 자동차가 네 대나 있으니 다른 사람들도 차가 여러 대 있을 테고, 돈이 필요하면 그중 하나를 중고 사이트에 올려 팔면 되리라고 지레짐작한 거야.

반면에 우리 가족은 차가 한 대야. 탤벗 회사에서 나온 여기저기가 찌그러진 삼바뿐이지. 중고 사이트에 올리면 사겠다는 사람이 한 명도 없을 차야.

우리는 으레 남도 나와 생각이 같으리라 짐작하지만 사실은 그렇지 않아. 경험과 문화, 성장 배경, 목표가 저마다 다르니 믿음과 감정이 다를 수밖에 없어. 나를 둘러싼 환경에 파묻혀 살다 보면 다른 관점도 존재한다는 사실을 쉽게 잊어버리게 돼.

이 사실을 잊어버린 걸로 유명한 사람 프랑스의 왕비였던 마리 앙투아네트는 흉년으로 백성들이 굶주린다는 소식을 듣고는 "빵이 없으면 케이크를 먹으면 되지."라는 말을 한 걸로 유명해. 그때 프랑스는 흉년이 들고 쥐 떼가 곡식을 먹어 치우는 바람에 굶주리는 사람이 많았어. 그런 와중에 케이크를 먹지 그러냐는 말은 앙투아네트의 현실 감각이 얼마나 모자랐는지 보여 줘. 빵도 구할 여유가 없는데, 훨씬 비싼 케이크를 어떻게 구할 수 있겠어? 어쨌든 이 발언은 엄청난 후폭풍을 불러왔어. 얼마 되지 않아 반란을 일으킨 백성들이 앙투아네트와 루이 16세 왕을 단두대에서 처형했거든.

가짜 뉴스 주의! 마리 앙투아네트가 케이크 망언을 했다고 널리 알려졌지만, 사실 그녀가 정말 이 말을 했다는 근거는 없어. 프랑스 역사를 돌아보면 앙투아네트가 태어나기 백 년쯤 전에 이 말이 등장해. 아마 다른 사람이 한 말일 가능성이 높지.

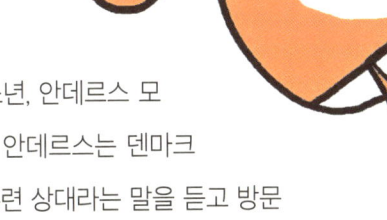

무덤이 불러온 소통 오류

잠시 우리 집에서 지냈던 덴마크 소년, 안데르스 모르텐손에게도 비슷한 일이 일어났어. 안데르스는 덴마크 탁구 선수였는데, 우리 형제가 좋은 훈련 상대라는 말을 듣고 방문한 참이었어. 그런데 도착한 첫날 밤부터 우리와 한바탕 싸우고는 지미 스토크스네 집으로 가 버렸어. 이런 대화 때문이었지.

"이제 우리 같이 나가자."

스핀 서브 연습을 끝내곤 안데르스가 말했어.

"내가 인터넷으로 다 찾아 뒀어. 완전 기대돼!"

"어디를 간다는 거야?"

안데르스가 어딜 가자는 건지 딴청 피우던 나는 알 수가 없었어. 대충 근처 공원이나 맥도널드를 말하나 싶었지. 지미 스토크스와 가끔 집에 오는 길에 그러듯 빅맥이나 같이 먹으러 가고 싶은 줄 알았거든.

"어디긴, 당연히 레딩 묘지지."

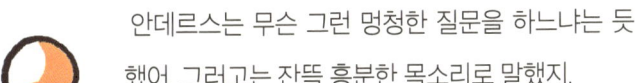

안데르스는 무슨 그런 멍청한 질문을 하느냐는 듯 형과 나를 보며 답했어. 그러고는 잔뜩 흥분한 목소리로 말했지.

"내가 찾아보니까 엄청나게 크더라고. 빨리 가 보자."

살면서 들은 말 중 제일 이상했어. 이상한 말을 하기로 따지면 결코 뒤지지 않는 우리 가족의 기준으로 봐도 그랬지.

나는 날짜를 확인했어. 4월의 어느 바람 부는 수요일이었어. 분명 핼러윈은 아니었지. 안데르스는 도대체 왜 버스까지 타고 집에서 5킬로미터나 떨어진 묘지에 가고 싶은 걸까?

"정말 끔찍한 생각이네."

형이 말했어.

"그러게. 뭐 하러 그런 데를 가? 영화나 보러 가자."

나도 맞장구를 쳤어.

"신나게 즐기러 온 사람한테 무슨 소리야!"

안데르스는 버럭 화를 냈어.

"멍청하기는. 둘이 뭐라고 하든 난 혼자서라도 갈 거야. 내가 만화 영화나 보겠다고 여기까지 온 줄 알아?"

아니, 대체 왜 저런대?

안데르스는 씩씩거리며 가 버렸어. 우리가 14번 주황 버스를 타고 함께 묘지에 가지 않았다는 이유로 말이야.

안데르스를 다시 만난 건 8월에 열린 유럽 선수권 대회에서였어. 시합 전에 우리를 급히 찾아왔거든.

"정말 미안해."

안데르스는 형과 나에게 말했어.

"그 묘지, 진짜 형편없더라. 그냥 무덤만 잔뜩 있더라고. 까마귀랑."

"응, 그랬구나."

나는 안데르스가 인류 역사상 가장 당연한 말을 한다고 생각하며 되물었어.
(까마귀는 조금 놀랍긴 했지만.)
"그럼 뭘 기대했는데?"

안데르스는 파티를 기대했다고 했어. 다 같이 모여 즐기는 파티 말이야.

왜냐고? 알고 보니 덴마크에서는 동네 묘지가 만남의 광장이었어. 친구들과 노는 곳이었던 거지. 우리에게는 소름 끼치는 묘지가 안데르스에게는 신나게 노는 장소였던 거야.

경험과 문화에 따라 어디에서 놀고, 어떻게 즐거운 시간을 보내는지도 다를 수 있는 거지.

괜한 싸움은 피해

내가 속하지 않은 문화권의 전통은 낯설게 느껴질 수밖에 없어. 그러니 때로는 안데르스와 나처럼 무엇이 더 낫거나 누가 옳은지 다투지 말고 서로의 다른 행동 방식을 있는 그대로 존중하는 편이 좋아.

낯선 식사 예절

그거 알아? 에티오피아에서는 같이 저녁을 먹는 사람의 입에 음식을 넣어 준대. 식사 자리에 앉았는데 옆자리 남자가 닭고기 한 점을 네 입에 넣어 주려 한다면 어떨 거 같아? 베네수엘라에서는 파티에 참석할 때 약속 시간에 딱 맞춰 도착하면 식탐이 많은 사람이라고 눈총을 받아. 맛있는 음식을 제일 먼저 먹겠다고 제시간에 왔다는 거지. 그래서 다들 약속 시간보다 15분쯤 늦게, 또는 그보다 훨씬 늦게 파티장에 나타나. 그러니 약속 시간에 꼭 늦는 사람은 베네수엘라에 가 봐. 아주 예의 바른 사람으로 통할 테니까.

선택이 갈등을 불러온다고?

선택권이 있다는 건 멋진 일이야. 지난 몇십 년 동안 사람들의 선택의 폭은 그 어느 때보다 넓어졌어. 사는 곳, 하는 일, 결혼할 사람 같은 게 말이지. 직업을 마음껏 고를 수 있게 됐고, 딸이나 아들이라는 이유로 특정한 집안일을 할 필요도 없어졌어. 저마다 자신에게 가장 좋은 삶을 살 수 있게 된 거야. 정말 멋지지?

동시에… 남이 싫어하거나 동의하지 않는 일을 선택할 가능성도 커졌어. 예를 들어 우리 학교에는 축구와 테니스 동아리가 있었어. 그런데 새로 온 차터스 선생님이 탁구 동아리를 만들었어. 선택권이 더 넓어진 거야! 잘된 일이지. 하지만 내가 원래 가입했던 축구부 코치님은 화를 냈어. 코치님은 내가 축구를 계속하길 원했지만, 난 둘 다 할 시간은 없어서 결국 탁구 동아리를 선택했거든.

정치 영역에서도 선택권이 늘어나면 다툴 일이 많아져. 영국에선 나라를 이끄는 사람을 선거로 뽑아. 민주주의를 따르는 국가라 국민이 직접 어떤 사람으로 정부를 꾸릴지 선택하지. 하지만 모든 나라가 그런 건 아니야. 북한에서는 투표할 일이 전혀 없어. 선택권 자체가 없지. 통치자 한 명(지금은 김정은이라는 남자야.)이 나라의 모든 일을 결정하고, 누구도 이의를 제기할 수 없어. 통치자가 정한 대로, 북한에서는 서양 영화를 보면 감옥에 가. 아이폰과 아이패드도 쓸 수 없어. 머리카락을 길게 기르고 싶은 남자는 조심해야 해. 김정은은 자기처럼 짧은 머리 스타일만 좋아하거든. 나라에서 정한 것보다 길면 예외 없이 잘라야 하지. 그러니 머리를 기르고 싶은 사람은 북한에 안 가는 편이 좋을걸.

그에 비하면 우리는 운이 아주 좋아. 나라의 정부부터 헤어스타일까지 마음대로 선택할 수 있는 제도를 수천 년에 걸쳐 발전시켰으니 말이야. 아주 훌륭하지만, 이 제도 속에서는 사람들의 의견이 갈릴 수밖에 없어. 머리를 단발로 하는 게 좋을지, 땋는 게 좋을지 같은 걸 말하는 게 아니야. 어떤 지도자를 뽑는 것이 최선일지, 그 지도자가 국민 의료 보험을 개선하거나 기후 변화 문제에 충분한 돈을 쓸지에 관해 의견이 부딪힌다는 거야. 사람들은 이런 문제로 사이가 아주 단단히 틀어지기도 해.

확실한 건 논쟁을 피할 수 없다는 거야. 논쟁은 매일 일어나는, 지극히 정상적인 현상이니까. 어떤 일을 하고 무엇을 믿을지 선택할 기회와 바탕이 되는 정보가 많아진 요즘, 나와 의견이 다른 사람은 언제든 마주칠 수 있어.

제일 중요한 건 논쟁이 걷잡을 수 없이 격해지지 않도록 조심하는 거야.

나와 형의 논쟁이 딱 안 좋은 예야. 늘 좋게 시작하지만 순식간에 거칠어지거든.

예를 들면… 이런 식으로 말이야.

> 나는 수학이라고 생각해.
> 나중에 사업을 할 때 쓸모 있을 거 같거든.

나

> 그래? 무슨 사업을 할 건데?

형 (비웃으며)

> 어… 글쎄.
> 운동복 사업이라든지?

나

> 네가 좋은 운동복이 뭔지 알기는 해?
> 나흘 연속 노란 추리닝만 입고 다니면서.

형

> 내 스타일이거든?

나

> 털이 덥수룩한 네 발가락은?
> 그것도 네 스타일이냐?

형

그러다 결국 바닥을 뒹굴며 몸싸움을 벌이는 결말이지. 엄마가 억지로 떼어 놓아야 할 정도로 격렬하게 말이야. 나는 발가락 털을 밀어야 하나 고민하기 시작하고.

논쟁 vs 논쟁

'논쟁'에는 두 가지 종류가 있어.

1. 논증하거나 추론하거나 논의하는 행위 또는 그 과정
2. 격렬한 말다툼이나 의견 충돌

문제는 어떤 논쟁이든 이성적인 토론(1번)에서 순식간에 못된 말과 행동이 오가는 격렬한 감정싸움(2번)으로 바뀔 수 있다는 거야.

논쟁.com

이 문제를 해결하는 데에는 인터넷도 도움이 안 돼. 인류 역사상 가장 많은 뉴스와 정보에 접근할 수 있게 됐지만, 그만큼 인터넷에서 의견이 엇갈리는 주제를 찾기도 쉬워졌어. 알지도 못하는 사람들과 크게 다투기도 쉽고. 처음에는 차분하게 이성적으로 대화하다가도 순식간에 무례하게 돌변할 수 있어. 온라인상에서는 의견이 다른 사람에게 모욕적인 말을 내뱉기가 더 쉬워. 못된 말의 결과를 책임질 필요가 없거든. 화면만 꺼 버리면 자기가 한 무례한 말 때문에 상대가 얼마나 큰 상처를 입었는지 보지 않아도 되니까.

제대로 다투는 법
(발가락에 난 털을 지적하지 않기)

말다툼을 피할 수는 없어. 그 점은 확실하지. 단, 말다툼을 하더라도 토론과 질문은 꼭 거쳐야 해. 상대의 관점이 정확히 무엇이고 상대의 말이 정말 맞는지 확인하는 거야. 그 과정에서 새로운 걸 배울 수도 있어. 나와 관점이 다르다면 내 생각을 상대에게 가르쳐 줄 수도 있고.

무엇보다 중요한 것은 상대를 모욕하는 말은 하지 말아야 한다는 거야.

우리 형은 다투다가 꼭 못 참고 깔보는 말을 해. 그러면 내가 자신감을 잃고 마지못해 형 생각에 동의할 것 같은가 봐. 자기주장을 뒷받침할 근거가 다 떨어져서 그럴지도 모르고. 정확한 이유는 모르겠어. 어쨌거나 그런 형을 보며 나는 누군가와 다투더라도 인신공격만큼은 절대 하지 말자고 다짐했어. 그러니까⋯ 너도 상대의 털 많은 발가락을 흉보고 싶어지면 참아. 앞으로 나올 팁을 참고하면 말다툼도 이성적으로 할 수 있을 거야.

상대의 관점을 존중해

남이 나와 의견이 달라도 괜찮다는 사실을 절대 잊지 마. 이 책을 끝까지 읽고 나면 왜 그런지 알게 될 거야.

정중한 태도로 토론해. 내 관점을 잘 이해시키면 상대의 관점이 바뀔 수도 있어.

그렇게 되지 않더라도 모든 사람이 늘 나와 의견이 같을 수 없다는 사실을 받아들여 봐.

주제를 벗어나지 마

화를 내거나 친구의 의견을 비웃어서 '이기려고' 하지 마. 특히 다른 사람을 모욕하는 발언은 절대 하지 않도록 명심해. 논쟁하고 있는 주제를 잊지 말고, 계속 그 주제를 두고만 대화하는 거야.

곱씹지 마

차분하게 나의 논점을 상대에게 이해시켰다면 곱씹지 말고 털어 버려. 한 번 다퉜다고 영원히 사이가 틀어지지는 않아.

그리고… 누가 네 코나 발가락 털을 두고 못된 말을 했더라도 무시해. 아무리 좋은 사람도 다툴 때는 의도치 않게 끔찍한 말을 할 수 있으니까.

할 말은 해

평화를 깨뜨리는 것 같다고 할 말을 참지는 마. 만약 네게 뚜렷한 의견이 있다면 남에게 네 생각을 알리는 것도 중요하니까. 그러니 자신감을 갖고, 네 생각을 당당히 밝혀.

자, 우리는 지금까지 꽤 많은 문제를 다뤘어. 그다지 유쾌한 상상은 아니겠지만 내가 머리털보다 발가락 털이 더 많은 건 아닌지 궁금해졌을 거야. 우리 아빠가 거실에서 줄 없이 줄넘기하는 모습도 상상했을 테고. 다음에 덴마크에 가면 꼭 묘지에도 한번 가 봐야겠다 싶을지도 모르겠네.

솔직히 책 한 권에서 이 정도 얻었으면 많이 얻은 거 아니야?

농담은 그만하고 잠시 배운 걸 정리해 보자. 배운 게 없다고? 왜 이래, 우리 이런 걸 배웠잖아.

느리게 생각하기 우리가 평소에 어떤 식으로 생각하는지 배웠어. 빠르게 생각하기에만 의존하면 성급한 결론을 내리거나 잘못된 주장을 펼칠 수 있다는 사실도 배웠고. 의식적으로 느리게 생각하기를 작동시킬 수 있어야 해.

닻을 떼어 내기 각자의 닻과 경험, 성장 배경에 따라 생각하는 관점이 달라질 수 있다는 것도 배웠어. 바른 판단을 내리려면 내가 무엇에 영향을 받는지 깨닫고, 그 영향에서 벗어나 생각할 수 있어야 해.

증거를 살피기 의견을 정하기 전, 가짜 뉴스는 거르고 어떤 증거가 있는지 주의 깊게 살펴야 해. 거짓 정보에 휘둘리지 않도록 무엇이 진짜고 가짜인지 확인하라는 뜻이야.

다투더라도 괜찮아 살다 보면 누구나 가끔씩 다투게 돼. 단, 말다툼을 하더라도 인신공격은 안 돼. 신중하게 대화해 보자.

말다툼에 대해 좀 더 깊이 살펴보자

다툼이 사실 좋은 거라면 어떨 것 같아? 심지어 다투면 다툴수록 더 똑똑해진다면?

말도 안 돼!

내 발가락 털이 이발소에 가야 할 정도로 수북하다고 소리 지르는 형과 뒤엉켜 바닥을 뒹구는 게 좋은 일이라고? 게다가 그러고 나면 다음 주 수학 시험을 더 잘 볼 수 있다고?

아니… 그런 다툼 말고, **생각 다툼**. 누가 더 뛰어난 통찰력과 정보를 가졌는지 겨루는 토론 말이야. 즉 주장을 주고받는 거지. 상대의 말을 경청하면서 의견을 낼 기회를 엿보거나 새로운 사실을 배우는, 그런 논쟁 말이지.

이런 종류의 다툼을 잘하는 비밀을 하나 알려 줄게. 이 기술을 잘 쓸 줄 알면, 이런 일을 할 때 유리해.

말다툼 기술이 유용한 순간

- 대통령이 되고 싶을 때 (너는 되고 싶지 않을지 모르지만, 대통령들은 보통 이런 다툼에 능숙해.)
- 새 직장에서 연봉 협상을 할 때
- 놀이터에서 친구에게 내 생각을 이해시킬 때
- 새 스마트폰을 사달라고 부모님을 설득할 때
- 형이 침대 밑에 숨겨 놓은 간식을 같이 먹고 싶을 때

토론을 좋아한 아빠

나는 아빠에게 받은 게 참 많아. 2021년에 돌아가셔서 이제는 그 말을 아빠에게 직접 할 수 없지만, 어쨌든 아빠는 내게 많은 걸 물려줬어.

다행히 등받이를 젖힐 수 있는 가죽 소파에 대한 집착은 물려받지 않은 것 같아. 줄 없이 하는 줄넘기는… 그냥 제자리 뛰기라는 것도 잘 알고 있고!

어쨌거나 아빠에게는 중요하게 여기는 몇 가지 믿음이 있었는데, 그것들은 아빠가 상상도 못한 방식으로 내게 도움이 됐어. 우선 아빠는 무언가를 원하면 그걸 얻기 위해 아주 많이 노력해야 한다고 믿었어.

또한 사람은 모름지기 자기 목소리를 낼 줄 알아야 한다고 믿었지. 아빠가 파키스탄에서 영국으로 이민을 왔을 때에는 아빠와 같이 어두운 피부색을 가진 사람들의 의견이 무시당하곤 했어. 그뿐 아니라 직장에서 실력이 있어도 잘 승진이 되지 않았대. 아빠의 의견을 진지하게 들어주지도 않았고.

그런데도 아빠는 주장하기를 포기하지 않았어. 늘 차분했지만 할 말은 꼭 했지. 아빠의 생각에 동의하지 않는 사람들도 있었지만, 그렇다고 해야 할 말을 참지는 않았어.

<u>아빠는 나에게 논쟁하는 법을 가르쳐 줬어.</u>

우리 아빠는 토론을 무척 즐겼거든. 식사 자리에서도, (등받이를 완전히 뒤로 젖힌) 소파에서도 말이야. 자동차 안에서도, (이건 좀 위험했어. 아빠는 운전에 온전히 집중하지 않으면 연쇄 추돌 사고를 일으키기 십상이었거든.) 통화하면서도 그랬지. 정말 장소를 가리지 않았어. 대신 가게에서 토론할 때는 좀 어색해지기도 했어. 아빠는 계산대에서조차 점원에게 이렇게 의견을 묻곤 했거든.

"정부가 탄광을 폐쇄해야 한다고 생각하나요? 그러면 광부들의 일자리가 사라질 텐데 어쩌죠? 그 사람들을 재교육해 다른 일을 하게 하려면 어떻게 해야 할까요?"

아빠의 질문은 이런 식이었어. 죄다 **심각한 질문**뿐이었지. 우린 한 동물용품점에 있었는데 말이야.

"저기… 전 그냥 여기 직원일 뿐이에요. 들고 계신 개벼룩 퇴치제는 살 거예요, 말 거예요?"

주로 이런 대답이 돌아왔지만, 아빠는 신경 쓰지 않았어. 누가 뭐라고 하든 진심으로 다른 사람들의 생각을 알고 싶어 했고, 늘 다른 사람에게 무언가를 배우고 싶어 했지.

배움의 기회는 자주 찾아왔어. 언젠가는 미국 대통령 선거를 주제로 자동차 보험 회사 직원과 두 시간 동안 토론을 벌였어. (사고를 자주 내는) 아빠가 차로 백조를 들이받았을 때였어. 나는 사고 상황을 설명하는 것부터 쉽지 않으리라 예상했어. 그런데 보험 회사 직원이 파키스탄 출신인 데다 미국의 투표 제도에 관심이 많았지 뭐야. 대화가 잘 풀린 덕분에 통화가 끝났을 때 아빠는 보험료를 최대치로 얻어 냈을 뿐 아니라 버락 오바마를 새로운 시각으로 보게 됐어.

상대방 편을 들어 봐!

아빠는 형과 내가 말다툼을 벌이면 서로의 편을 들도록 했어.

예를 들어 우리가 레딩과 맨체스터 유나이티드(형이 좋아하는 팀이야.) 중 어떤 축구팀의 수비 전략이 좋은지 다투면, 하던 이야기를 멈추고 서로 편을 바꿔 얘기하도록 했어. 나는 맨체스터의 선수 배치에서 장점을 찾으면서 레딩의 선수 배치에서 약점을 찾아야 했지.

딱히 즐겁지는 않았지만, 그러다 보면 레딩의 수비 전략에서 생각하지 못했던 문제점을 발견하기도 했어. 맨체스터에 의외로 좋은 선수가 있다는 사실도 깨닫고 말이야.

또 한번은 영원히 사는 삶과 백 살까지만 아주 멋지게 사는 삶 중 어떤 삶이 좋은지를 두고 다툰 적도 있어.

형은 말할 것도 없이 영원히 사는 게 낫다면서 이렇게 말했어.

"당연한 거 아니야? 영원히 살면 아이스크림을 얼마나 많이 먹을 수 있겠어. 그 사이에 맨체스터 유나이티드가 최소 한 번은 우승할 테고."

형의 생각은 상당히 굳건했어. 내 반론에 짜증이 난 형이 내 운동복을 두고 모욕적인 말을 내뱉으려는 순간, 아빠가 또 편을 바꾸게 했어. 형은 마지못해 이 문제를 정반대 관점에서 바라봤지. 그러자 매일 아이스크림을 먹고 축구를 보는 삶이 영원히 이어진다면 심심할 것 같다고 했어. 제대로 걷지 못할 정도로 늙으면 인생이 재미없을 것 같다고도 했고.

생각이 완전히 달라진 건 아니었어. 형은 영화 〈미션 임파서블〉을 6898000번 보거나 해왕성에서 휴가를 보낼 날까지 사는 건 여전히 좋은 일이라고 생각했거든. 하지만 늙어서 우주선까지 걸어가지도 못하는 미래는 별로 기대가 안 된다고 인정했어.

논점을 반대 관점에서 바라보는 건 아주 유용한 전략이야. 내 관점에 어떤 허점과 약점이 있는지 알 수 있거든. 상대편이 내세울 근거를 미리 알아 대비할 수 있으니 내 주장을 더 탄탄하게 만들 수도 있어. 상대편의 관점에 설득돼 생각이 아예 바뀔 수도 있고.

이 전략으로 **아주 큰 도움**을 받았던 경험을 하나 소개할게. 학창 시절 내가 속한 탁구부에 새 탁구대가 필요했을 때의 일이야. 우리는 점심시간에 탁구 연습을 할 장소와 새 탁구대가 간절했어. 낡고 망가진 탁구대를 매번 교내 식당으로 옮겨야 했거든. 주방에서 일하는 분들이 아직 바닥에 떨어진 삶은 콩을 치우고 있는데 말이야. 그러다 보면 연습할 시간이 겨우 10분 남짓 남아 있곤 했어.

레이놀즈 교장 선생님은 안 된다고 할 게 뻔했어. 스포츠보다 연극 활동을 좋아하는 분이라 학교 예산이 남는다고 해도 다음에 있을 뮤지컬의 무대 조명에 쓸 게 분명했지. 탁구공이 다 떨어졌는데도 사 주기는커녕 매년 크리스마스 뮤지컬의 화려한 무대 장치에만 큰돈을 쏟아부은 분이니 말이야.

그래서 나는 새 탁구대와 탁구장을 요청하기 전에 교장 선생님이 처한 상황을 생각해 봤어. 교장 선생님이 내 요청을 거절할 수밖에 없는 이유를 모두 따져 봤지. 교장 선생님은 학교에 이미 축구장과 테니스장, 크리켓 네트가 있다는 점과 스포츠보다 미술 활동을 선호하는 학생들도 지원해야 한다는 점을 이유로 댈 터였어. 점심시간마다 탁구 연습을 하고 싶은 사람은 나와 형뿐이라는 점도 들겠지.

나는 두근거리는 심장을 달래며 교장 선생님을 만나러 갔어. 교장실에 들어서니 선생님이 뮤지컬 〈캣츠〉의 주제곡, '메모리Memory'를 부르고 있었어. 계산기를 마이크처럼 손에 쥐고는 감정을 가득 살려 부르고 있었지. 그 흥을 깨고 탁구 이야기를 하려니 여간 힘든 게 아니었어.

예상대로 대답은 안 된다였어. 예산이 빠듯하기도 하고 남는 예산이 있더라도 곧 있을 교내 뮤지컬, 〈메리 포핀스〉의 무대에 설치할 세인트 폴 대성당 모형 제작비로 써야 한댔지.

하지만 나는 대비가 되어 있었어. 교장 선생님이 댈 근거를 파악해 미리 답변을 준비해 뒀지. 나는 준비한 답변을 줄줄이 읊었어. 새 탁구대 두 개를 들이고 바닥에 푹신한 재질의 특수 매트를 깔면, (탁구에는 팔짝팔짝 뛰는 동작이 많거든.) 이런 좋은 점이 있다고 했지.

1. 푹신한 매트를 방과 후 수요일마다 모이는 현대 무용 동아리에서도 쓸 수 있다.
2. 형과 내가 탁구 동아리를 만들 수 있다. 탁구는 많은 사람이 참여할 수 있는 훌륭한 스포츠다.
3. 시범 경기를 열어 학부모들을 초대할 수 있다.
4. 시범 경기를 열면 입장료를 받아 세인트 폴 대성당 종이 모형을 만드는 데 쓸 수 있다.

내 말을 듣는 교장 선생님의 눈빛이 흔들리는 게 보였어. 처음에는 씨알도 안 먹힐 것 같더니 내가 조목조목 근거를 들자 노래를 멈추고 다시 생각해 보는 눈치였어.

결국 교장 선생님은 내 요청을 받아들였어!

그렇게 모두가 행복해졌어. 우리는 점심시간마다 연습할 수 있었고 탁구 동아리는 인기 만점이었어. 시범 경기 수익금은 세인트 폴 대성당 모형을 만들고도 남아서 뮤지컬에 비둘기도 동원할 수 있었고. (좋은 아이디어는 아니었지만. 비둘기들이 '새들에게 먹이를Feed the Birds'이 울려 퍼질 때 너무 흥분한 나머지 무대에 마구 똥을 쌌거든.)

이 이야기의 교훈은 뭘까? 여윳돈이 있다고 연극 무대에 비둘기들을 풀어 놓으면 절대 안 된다는 거? 그것도 맞아. 하지만… 진짜 교훈은 **너무 긴장하지 말라는 거야.** 너에게 꼭 이루고 싶은 뜻이 있다면,

차분하게 근거를 들어 설득해!

환상적인 다툼

비행기는 훌륭한 말다툼 덕분에 발명됐다는 사실, 알고 있어?

오빌 라이트와 윌버 라이트는 미국 오하이오주에 있는 공업 도시, 데이턴 출신의 형제였어. 1903년 12월 17일, 라이트 형제는 인류가 수천 년을 씨름해 온 문제를 해결했어. 바로 하늘을 나는 법이었지.

라이트 형제는 동력 비행기로 하늘을 나는 법을 찾아냈어. 그런데 흥미롭게도 둘은 기술자가 아니었어. 수학 학위도 없었고, 물리학 전문가도 아니었어. 비행기를 만드는 사람이라면 마땅히 갖춰야 할 지식이 하나도 없었지.

하지만 라이트 형제에게는 특이한 점이 있었어. 아버지인 밀턴 라이트가 토론과 논쟁에 관심이 아주 많았다는 거야. 우리 아빠처럼 말이지.

밀턴은 교회에서 일하는 목사였지만, 다양한 종교에 관한 책이 집에 가득했어. 자신과 믿음이 다른 사람들의 관점을 이해하고 싶었던 거야.

특히 밀턴은 자녀들에게 토론을 북돋았어. 그리고 역시나… 토론할 때 상대편의 관점에서 주장을 펼치게 했어. 그러면서 배울 점을 찾게 했지. 우리 아빠처럼 말이야. (나도 어마어마한 발명으로 세상을 바꿀 수 있으려나?)

어느 날은 아버지 밀턴이 집에 장난감 헬리콥터를 가져왔어. 라이트 형제

는 헬리콥터의 프로펠러가 작동하는 방식에 마음을 빼앗겼지. 프로펠러가 고장 나면 둘이 힘을 합해 고쳤어. 이 일을 시작으로 두 사람은 비행을 향한 열정을 불태우기 시작했어.

그런데 둘은 툭하면 싸웠어. **사사건건** 부딪쳤지. 비행기가 작동하는 방식을 두고 의견이 엇갈리면 말다툼이 몇 주씩 이어졌어. 여동생 캐서린에 따르면 요란하고 격렬한 논쟁이 벌어졌다지. 어떨 때는 치열하게 토론하다 서로의 주장에 설득돼 오빌은 윌버의 생각에, 윌버는 오빌의 생각에 동의한 적도 있었대.

이렇게 자주 다투긴 했어도 감정이 상하거나 사이가 틀어지지는 않았어. 오히려 다툼을 계기로 아이디어를 시험해 보고, 디자인을 꼼꼼히 검토하고 분석하면서, 설계를 한 단계 발전시켰어.

"토론은 사물을 바라보는 방식을 새롭게 해 줍니다."

윌버 라이트는 이런 말도 남겼대.

수많은 토론 끝에 비행기에는 두 개의 프로펠러가 필요하다는 결론을 얻은 라이트 형제는 1903년 말에 설계를 마쳤고, 미국의 키티호크라는 마을에서 드디어 비행기를 띄웠어.

아버지 밀턴 라이트는 죽기 전 딱 한 번 라이트 형제가 만든 비행기를 타고 날았어. 비행기가 땅에서 백 미터 높이까지 솟아오르자 밀턴은 자랑스러워하며 아들에게 이렇게 외쳤다지.

"더 높이, 오빌. 더 높이 가자꾸나."

부자가 된 비결이 토론?

혹시 워런 버핏이라고 들어 봤어? 돈이 아주 많은 남자야. 최근에 내가 찾아봤을 때는 재산이 128조였는데 지금은 아마 더 많을 거야.

워런 버핏은 열한 살 때 첫 투자를 시작한 뒤로 70년 넘게 회사에 투자하고 회사를 사들이는 방식으로 사업을 해 큰 성공을 거뒀어.

그런데 워런에게는 독특한 사업 전략이 있어. 나는 이 전략이 버핏의 성공 비결 중 하나라고 생각해.

워런 정도 되면 회사를 사고 싶을 때 조언해 줄 전문가를 고용해. 나처럼 실수하고 싶지 않으면 그러는 게 맞아. 무슨 실수냐고? 앤드루 사이드라는 도넛 회사에 전 재산을 투자했다가 망했거든. 회사 경영자(앤드루 사이드, 즉 우리 형)가 도넛을 몽땅 먹어 치워 학교 축제 때 팔 도넛이 하나도 남지 않았지 뭐야. (형은 떼돈을 벌게 해 주겠다고 해 놓고는 미안해하지도 않았어. 너무 맛있어서 참을 수가 없었다나. 열다섯 개를 다 먹어 치웠다니까. 참고로, 난 아직도 화가 안 풀렸어. 형이 나한테 빚진 2만 6200원도 꼭 받아 낼 거야.)

꼭 갚아! 형!

다시 워런의 이야기로 돌아가 보자. 워런은 회사를 사기 전에 조언해 줄 사람을 한 명이 아니라 두 명 고용한대. 여기서 한 사람은 회사의 좋은 점만 말하게 해. 그 회사를 왜 사야 하고 사면 얼마나 많은 돈을 벌게 될지를 맡아 조사하지. 반면에, 다른 한 사람은 그 회사를 사면 안 되는 이유를 모조리 말하게 해. (하루도 안 돼 파산한) 앤드루 사이드 도넛 회사보다도 돈을 못 벌 것 같으면 이유가 뭔지 분석하게 하지.

그런데 말이지, 진짜 대박인 점은 바로 이거야. 워런은 두 전문가를 맞붙게 하고는 토론에서 이긴 사람에게만 돈을 줘. 당연히 둘 다 자기 말이 옳은 이유를 하나라도 더 찾아내려 안간힘을 쓰겠지?

이 전략 덕분에 워런은 결정을 내릴 때 고려해야 할 관점과 그 관점을 뒷받침하는 근거를 모두 살펴볼 수 있어. 치열한 토론을 벌이면 아무도 생각하지 못했던 아이디어와 문제가 저절로 튀어나오거든.

토론은 워런의 사업 감각을 더 예리하게 해 줬어. 통장 잔액은 더 불어나게 해 줬고.

자기 목소리를 내

이렇게 토론을 자주 하면 더 똑똑해지거나 부유해질 수 있고, 라이트 형제처럼 세상을 바꾸는 교통수단을 발명할 수도 있어.

걱정하지 마. 구글보다 먼저 날아다니는 자동차를 발명하지는 못해도, 제대로만 하면 토론으로 네 뜻을 이룰 수 있을 테니까.

그러니 누가 너와 다른 의견을 내면 모욕이나 문제로 받아들이지 마. 대신 네가 미처 생각하지 못한 아이디어를 얻을 기회로 삼아. 아이디어는 자기 머릿속에서만 얻는 게 아니야. 다른 사람과 토론하다가 얻기도 해.

인간의 비결

인간이 세상을 지배하는 이유가 뭔지 알아? 힘이 제일 센 동물이라서가 아니야. 힘은 고릴라나 곰, 사자가 **훨씬** 세잖아. 힘으로만 결정되는 거였다면 인간은 오래전에 박살 났을 거야. 뇌가 제일 커서도 아니야. 코끼리의 뇌는 인간의 뇌보다 세 배 크지만 코끼리가 심장 이식 수술을 하지는 못하잖아. 그렇다면 이유가 뭘까? 왜 약하고 뇌도 작은 인간이 불을 쓰고 휴대 전화를 발명하고 빅맥을 만들 수 있었을까?

인간이 세상을 지배한 건 지식을 **공유**하고 **발전**시키는 독특한 능력 덕분이야. 세대를 거듭할수록 엄마 아빠와 할머니 할아버지에게 물려받은 지식을 이용해 새롭고 더 나은 방식을 개발하지.

인류는 오랜 역사 속에서 엄청난 양의 지식을 쌓았어. 이 지식은 한 사람의 뇌 속에 모두 담기에는 너무 많아. (인정하기 싫겠지만) 네 뇌에 이 세상의 모든 지식이 담겨 있지는 않다는 뜻이야. 내 머릿속에 든 지식은 어떨까? 어떤 건 너와 같겠지만 다른 게 많을 거야. 아마존을 세운 제프 베조스의 뇌에는 너나 나와는 완전히 다른 (아마도 더 유용한) 지식이 있을 테고.

너와 나, 제프 베조스가 만난다고 생각해 봐. 각자의 지식을 공유하고 발전시키면 따로 있을 때보다 분명 똑똑해질 거야. 80억 명쯤 되는 온 세상 사람이 각자의 지식을 공유하고 발전시킨다면… 우리는 지금보다 **훨씬 많은** 걸 알게 될 거야.

너희 할머니가 쓰던 전화기를 예로 들어 볼게. 그래, 아래 그림처럼 생긴 거 말이야.

이 전화기는 벽에 굵은 선으로 연결돼 있었어. 너희 할머니는 (할머니가 알렉산더 그레이엄 벨이었을 리는 없으니) 아마 전화기가 작동하는 방식을 정확히 알진 못했을 거야. 전화기 만드는 법은 물론이고. 그쪽 지식은 다른 사람의 뇌에 있었어. 그래도 전화기를 발명한 사람들이 그 지식을 공유한 덕분에 할머니는 전화기의 혜택을 누렸어.

그런데… 할머니가 전화 통화는 가족과 연락할 좋은 방법이란 걸 너에게 가르치는 동안, 또 다른 사람들은 새로운 아이디어를 떠올렸어. 바로 거추장스러운 전화선을 없애고 전화기를 벽에서 떼어 내 주머니에 넣고 다니는 상상을 한 거야. 이들은 전화기를 발전시켜 더 나은 물건을 만들었어. 이렇게 발명된 '휴대' 전화는 모두가 쓸 수 있게 됐고.

참고로… 휴대 전화를 발명한 사람도 다른 사람이 생각해 낸 발명품의 혜택을 누렸을 거야. 자동차나 포크, 코털 정리기 같은 거 말이야. 이렇듯 인간으로 살면 모두가 득을 봐!

인간은 서로 힘을 합쳐 생각을 공유하는 능력이 아주 뛰어나. 결정적으로 이 능력이 제일 잘 발휘될 때는 **토론**하고 **논의**하고 **논쟁**할 때야. 그렇게 각자의 지식과 생각을 공유하고, 모은 뒤 그걸 활용해 무언가를 발명하지. 그 발명품은 인간의 삶을 나아지도록 해 주고.

코끼리나 고릴라, 곰은 이런 일을 할 수 없어. 아무리 똑똑한 동물이라도 휴대 전화를 만들거나 국제 우주 정거장에 우주선을 보내지 못하는 건 바로 그 이유 때문이야.

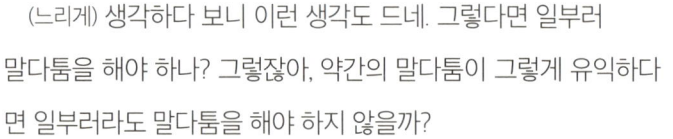

계속 목소리를 내!

(느리게) 생각하다 보니 이런 생각도 드네. 그렇다면 일부러 말다툼을 해야 하나? 그렇잖아, 약간의 말다툼이 그렇게 유익하다면 일부러라도 말다툼을 해야 하지 않을까?

우리 엄마한테 말하면 분명 '말도 안 되는 소리!'라고 답할(고함칠) 거야. 우리 방 침대 밑에서 버섯이 자라고 있는 걸 형이 발견했을 때를 떠올리며 말이지. 도대체 왜 버섯이 생겼는지를 두고 형과 나는 죽어라 싸웠어. 또다시 바닥을 뒹굴며 레슬링을 했고, 그러다 내 한쪽 발이 텔레비전 화면을 뚫고 지나갔어. 안타깝게도… 엄마는 텔레비전을 다 고칠 때까지 즐겨 보던 퀴즈 쇼를 열네 편이나 놓치고 말았지.

사람들이 결정을 내리는 방식을 연구한 학자들에 따르면, 논의나 토론을 한 집단은 하지 않은 집단보다 문제 해결 능력이 뛰어나대. 말다툼한 사람들이 더 나은 결정을 내렸다는 뜻이지.

왜 그랬을까? 논쟁을 벌이면서 서로 다른 의견의 장단점을 따져 봤기 때문이야. 목소리가 제일 큰 사람의 의견이라고 무조건 따르지 않고, 행동으로 옮기기 전에 옳고 그름을 따졌거든. 서로의 지식을 공유해 가장 좋은 해결책을 찾았지.

그러니 너도 **목소리를 내**. 토론을 시작해. 주저하지 말고 네 생각을 밝혀. 장담하는데 넌 남들은 모르는 무언가를 알고 있을 거야. 네 말이 누군가에게는 배움의 기회가 될 수도 있어. 단, 주제를 벗어나서는 안 돼. 사적인 공격도 안 되고.

참, 우리 형제의 침대 밑에서 발견된 버섯 말인데, 알고 보니 형과 내가 매운 컵라면을 나눠 먹은 뒤에 자란 거였어. 형이 탁구 경기에서 앨런 쿡을 이기고 온 날 함께 축하 야식을 먹었거든. 형이 경기를 떠올리며 공을 치는 동작을 할 때 침대 이 층에서 카펫으로 라면이 조금 떨어진 모양이야. 이제 그 버섯 균이 누구 책임인지는 말 안 해도 알겠지?

크리스마스 날 오후 3시 18분이 가족끼리 가장 많이 싸우는 시간인 거 알아?

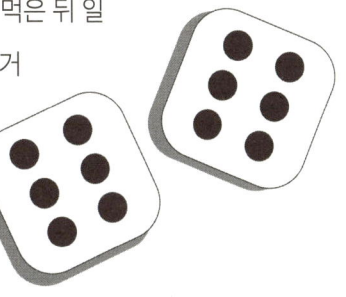
우리 가족은 그때까지 버티지도 못했어. 오전 9시 18분에 일이 터지고 말았지.

크리스마스에 가족 간 다툼은 주로 칠면조 요리를 먹은 뒤 일어나. 다툼의 제일 흔한 이유는 '누가 설거지를 할 거냐.' 또는 '모노폴리 게임에서 누가 속임수를 썼느냐.'야. 연속으로 세 번이나 주사위 두 개가 똑같이 6이 나오다니 말이 돼? 뭐, 이런 식으로 싸우는 거지.

우리 가족의 경우는 좀 달랐어.

엄마가 온 가족에게 입힌 펭귄 무늬 잠옷을 벗기도 전에 사건이 터졌지. 엄마가 손수 만든 펭귄 잠옷은 하나같이 몸에 맞지 않았어. 내 건 팔이 너무 길어 문제였어. 아침에 깼을 때 얼마나 놀랐는지 몰라. 소매 끝이 꼬여 손이 안 보였거든.

어쨌거나 잠옷 때문에 다툰 건 아니었어. 베릴의 새 남자 친구 때문이었지.

게다가 **엄청나게 컸어**. 아, 다툼 규모 말이야. 남자 친구 말고.

베릴은 내 이모, 그러니까 우리 엄마의 여동생이야. 나는 이모가 늘 존경스러웠어. 자유로운 영혼이라 온갖 흥미진진한 모험을 다 하고 다녔거든. 우리가 뒤로 젖혀지는 가죽 소파의 색깔을 두고 논쟁을 벌일 즈음, 베릴 이모는 아르헨티나의 안데스산맥에서 암벽 등반을 하고 있었더랬지.

아빠는 베릴 이모가 이제 그만 직장을 구해야 한다고 생각했지만, 이모는 누구의 말도 듣지 않았어. 자신이 원하는 삶을 살며 행복을 누렸지.

베릴 이모는 정말 멋진 사람이었어.

그런 이모가 크리스마스를 맞아 우리 집에 왔어. 이모는 뜻밖에도 혼자가 아니었어. 카를로스라는 남자를 데려왔더라고. 미국 캘리포니아 출신의 새 남자 친구였어.

이 남자 친구 때문에 몇 가지 문제가 생겼어. 우선 카를로스가 입을 펭귄 잠옷이 없었어. 안 그래도 부족한 크리스마스 푸딩이 더 부족해진 것도 문제였어. 달콤한 건포도를 잔뜩 넣은 후식이 캘리포니아 출신인 카를로스의 입맛에 맞지 않기를 빌 뿐이었지.

그런데 곧 알게 됐지만 진짜 문제는 따로 있었어. 푸딩과 잠옷은 아주 사소한 문제였지.

카를로스는 자기 의견을 굽힐 줄 모르는 사람이었어. 그 의견을 꺼내는 데에 거리낌이 없었고.

토론은 크리스마스이브에 시작됐어. 모두 펭귄 잠옷으로 갈아입고 영화를 보러 자리를 잡았을 때였어. 잠옷이 없는 카를로스는 아쉬운 대로 엄마가 서랍에서 찾은 앞치마를 둘렀어. 앞치마에는 펭귄이 아니라 북극곰이 그려져 있었지만, 엄마는 예고 없이 방문한 손님이라 어쩔 수 없다며 건넸지.

> 근데
> 북극곰이 어쩌고 하는 거,
> 다 헛소리인 거 알죠?

나는 카를로스의 말이 무슨 뜻인지 바로 알아듣지 못했어. 카를로스는 계속 말을 이었어.

> 얼음이 녹아서 내년 이맘때쯤이면
> 북극곰의 집이 사라질 거라는 얘기 말이에요.

> 어디, 눈물이 강물이 되도록
> 펑펑 울어 보라고 해요.
> 헛소리를 참 잘도 지껄인다니까요.

흠… 강물이 되도록 울라고? 바로 그게 문제 아닌가? 지구가 뜨거워지면서 북극곰이 사는 거대한 얼음덩어리가 강물처럼 녹고 있잖아.

나는 카를로스의 말이 도통 이해가 되지 않았어. 설마 기후 위기가 가짜라고 생각하나?

하지만 카를로스는 자신감이 넘쳐 보였어. 우리 집 소파에서 아빠가 제일 좋아하는 자리를 차지하고 앉아 소파 리모컨을 이리저리 눌러 보고 있었어. 아빠는 거실 구석의 접이식 의자에 앉아 카를로스를 향한 분노가 점점 더 치민다는 표정을 짓고 있었지.

카를로스에게 왜 그렇게 생각하는지 제일 먼저 물은 사람은 형이었어.

> 왜 그게 헛소리라고 생각해요?
> 진짜로 빙하가 녹고 있잖아요.
> 이 상태로 가다가는 2040년에는 북극의 얼음이
> 다 녹아 없어질 거라고요.

안데르스 모르텐손에게 레딩 묘지에 놀러 가는 건 별로라고 했을 때 이후로 형이 한 제일 상식적인 말이었어. 하지만 카를로스는 형을 보며 웃기만 했어. 순간 분위기가 살짝 싸늘해졌어. 엄마는 분위기를 띄우려고 후식으로 다 같이 먹을 민스파이를 내왔어. 영국에서 크리스마스에 즐겨 먹는, 다진 고기를 넣은 디저트야. 하지만 카를로스는 그걸 저 혼자 먹으라고 준 줄 알았는지 접시를 받아 제 무릎 위에 놓고는 파이 하나를 통째로 입에 넣었어. 파이를 단숨에 삼킨 카를로스는 두 번째 파이를 입에 밀어 넣었고 곧이어 세 번째를 먹어 치웠어.

> 쩝쩝.
> 건포도가 참 맛있네.

아니, 이 남자 뭐 하는 사람이지?

> 기후 변화니 뭐니 하는 거,
> 다 지구의 자연 주기에 불과하다는 거 몰라요?
> 원래 지구는 몇 백만 년 전부터 추워졌다 더워졌다를 반복하고 있어요.
> 공룡이 살 때는 남극에 야자수가 자랄 만큼 더웠다고요.
> 그 시절에 비하면 훨씬 시원한데 왜들 걱정하나 몰라요.
> 지금은 빙하기와 빙하기 사이일 뿐인데 말이죠.

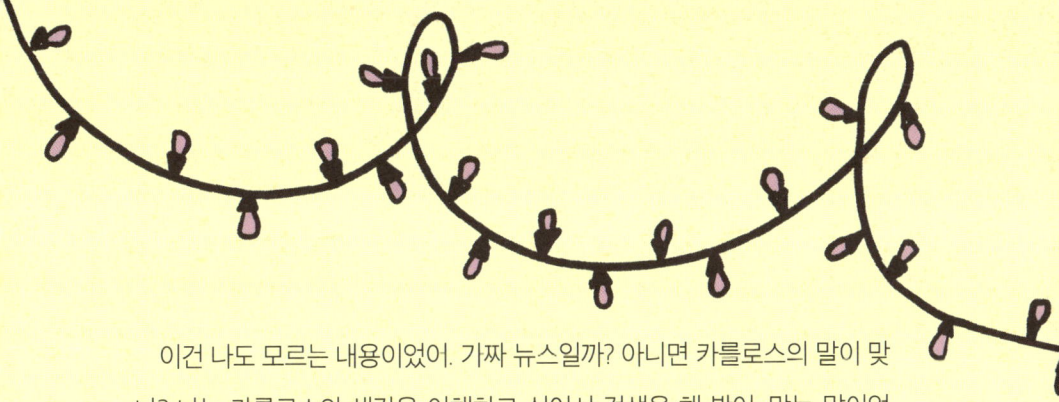

 이건 나도 모르는 내용이었어. 가짜 뉴스일까? 아니면 카를로스의 말이 맞나? 나는 카를로스의 생각을 이해하고 싶어서 검색을 해 봤어. 맞는 말이었어. 지금은 빙하기와 빙하기의 사이, 즉 간빙기라는 시대더라고.
 새롭게 배운 사실이었어. 하지만 아빠가 끼어들면서 카를로스의 논리에 중요한 허점이 드러났어.

> 하지만 카를로스,

아빠가 말을 꺼냈어.

> 앞으로 빙하기가 닥칠 거라는 말은 맞지만 지구 온난화 때문에 다음 빙하기가 5만 년은 늦춰졌어요. 그러는 사이 해수면은 상승하고 있고요. 그것도 빠른 속도로 말이죠.

 아빠는 인류가 재앙을 향해 나아가고 있다는 사실을 차분히 지적했어.
 아빠는 환경 운동가 그레타 툰베리 정도는 아니지만, 퇴비 더미를 쌓아 두고 이발소에서 자른 머리카락도 썩혀 거름으로 만들었던 사람이야. (설마 그럴까 싶겠지만 진짜야.) 새로운 사람과 이야기 나누는 걸 좋아하는 아빠에게도 카를로스는 거슬리는 구석이 있었어. 우선 누가 뭐라고 하든 전혀 귀담아듣지 않았거든.

카를로스는 **꿈쩍도 하지 않았어**. 네 번째 민스파이를 먹어 치우느라 사방에 부스러기를 흘리면서 이렇게 말했지.

> 너무 유난 떨 거 없어요.
> 다른 때보다 덥긴 하지만
> 지구가 원래 가끔 그런다고요.

아까는 시원하다더니 이제는 또 덥다고? 카를로스는 자기 말의 모순을 모르는 것 같았어.

> 그럴지도 모르죠.
> 하지만 지금 속도로 계속 탄소 배출량이 늘어나 기온이 올라가면
> 많은 도시가 통째로 가라앉을 겁니다.
> 인도네시아의 자카르타가 첫 번째 타자가 될 거예요.
> 1000만 명의 시민이 물에 잠길 거라고요.

카를로스는 슬슬 짜증스럽고 화가 나는지 얼굴을 일그러뜨렸어. 그러더니 갑자기 이상한 말을 했어.

> 비관론자들이 하는 헛소리를 믿나 보네요.
> 베릴 말로는 상식적인 분들이라던데… 안타깝군요.

> 그거 다 지어낸 얘기라는 거 모르겠어요?
> 정말 지구가 더워지고 있다면 왜 아직도 겨울에 눈이 오죠?
> 제발 색안경들 좀 벗으라고요!

우리 중 누구도 안경 비슷한 걸 쓴 사람은 없었어.

그 말을 들은 아빠의 입이 얼마나 떡 벌어졌는지 나는 아빠 턱이 바닥에 닿는 줄 알았지 뭐야.

그러거나 말거나 카를로스는 계속 말을 이었어.

무슨 일이 일어나고 있는지 진짜 모르겠어요?
죄다 뜨거워지고 있다고 말하는 자들한테 속고 있는 거라고요.
배기가스를 줄여 준다는 쓸데없이 복잡한 장치나 포도에서 전력을
얻는다는 전지에 돈을 쓰게 하려는 속셈이라고요.
저렴하고 좋은 친환경 자동차를 만든답시고
계속 석탄을 태우면서 말이죠.

이 문제에 관한 뉴스를 좀 보여 줄까요?   엄마가 말했어.

카를로스와 의견이 다른 사람도 아주 많거든요.

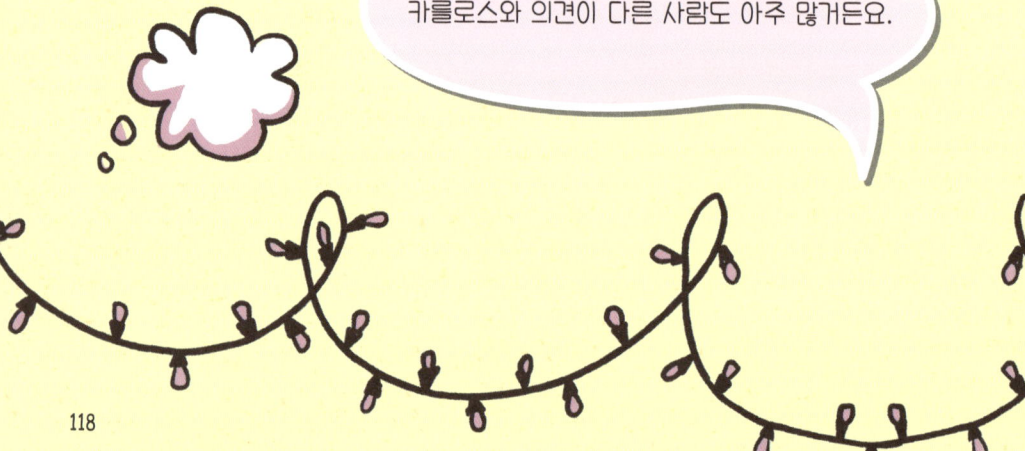

> 뉴스에는 당신들처럼 헛소리를 믿는 바보로 가득하잖아요.
> 그런 걸 왜 읽어야 하죠?

카를로스는 반쯤 씹다 만 건포도를 아빠를 향해 뱉으며 말했어.

> 그런다고 우리 생각이 바뀔 거 같아요?
> 우리 편이 아는 게 진실이라고요.

이 말을 끝으로 카를로스는 자리를 박차고 위층으로 올라가 다시는 내려오지 않았어. 나중에 웃으며 통화하는 카를로스의 목소리가 들렸어.

"채드, 이 사람들이 어떤 생각을 하고 있는지 알아? 말해 줘도 못 믿을걸. 진짜 한심한 사람들이야."

다음 날 아침, 카를로스와 베릴 이모는 떠날 준비를 했어. 건포도가 들어간 시리얼 한 그릇을 급하게 해치우고는 말이야. 아무래도 건포도를 진짜 좋아하긴 하나 봐.

카를로스가 떠나려 하자 아빠는 충격 받긴 했지만 다시 소파를 차지할 수 있게 돼 안도하는 듯한 표정으로 말했어.

> 다시 만나길 바랍니다.
> 그때 더 얘기 나눠요.

> 그럴 일은 없을 겁니다.

카를로스는 아빠에게 등을 돌리며 말했어.

> 당신이 어떤 사람인지는 알 만큼 알았어요.
> **내가 댁을 '차단'했다고요.**

그러고는 그대로 떠나 버렸지. 오전 9시 17분, 카를로스는 거대한 경유차를 몰고 사라졌어. 우리 엄마의 북극곰 앞치마를 두른 채로 말이야.

와, 정말 **악몽 같은 사람**이었어!

아빠는 남은 크리스마스를 혼란에 빠진 상태로 보냈어.

아빠는 계속 같은 질문을 했어.

> 나를 '차단'했다는 게 무슨 뜻이지?

> 다시는 나와 이야기하고 싶지 않다는 뜻인가?

맞아요. 바로 그 뜻이에요, 아빠.

> 도대체 왜?

상대가 내 생각에 동의하지 않더라도 토론하며 상대의 생각을 이해하는 과정 자체를 무척 즐기는 아빠로서는 카를로스의 행동을 도무지 이해할 수 없었어.

> 어차피 내 말은 들으려 하지도 않았잖아!

맞아요. 듣지 않았죠.

"그럼 자기랑 생각이 같은 사람들과 크리스마스를 보내겠다고 간 거야?"

맞아요. 바로 그런 거예요, 아빠.

"게다가 내가 바보라고 생각한다고? 기후 변화에 대해 의견이 다르다는 이유만으로?"

네, 아빠. 바로 그거예요.

"내가 지금껏 해 온 일이 다 쓸모없다고 생각한다고?"

"말도 안 돼, 그런 법이 어딨어."

맞아요. 그런 법은 없죠.
아, 이런… 이러다간 끝도 없겠어.

나는 참다못해 이렇게 말했어.

"아빠, 카를로스는 반향실에 갇힌 거예요. 남의 말을 들을 생각이 없다고요."

하지만 이 말도 도움이 안 되기는 마찬가지였어.

반향실은 또 뭐니? 무슨 동굴 같은 건가? 카를로스가 박쥐라도 된다는 거야?

아빠는 아까보다 더 혼란스러워진 표정으로 되물었어.

위험한 반향실

반향실이 뭔지 알아?

모른다고? 그렇다면 우리 아빠랑 다르지 않네. 설마 아빠처럼 투명 줄넘기를 하며 온 거실을 뛰어다니는 건 아니겠지?

반향실은 원래 특수 재료로 벽을 만들어 소리가 메아리처럼 울리는 방이야. 동굴과 비슷하지만 박쥐와는 관련이 없어. 샤워할 때 노래하면 자기 목소리가 벽에 반사되는 낡은 욕실도 아니고.

내가 말하는 반향실은 장소가 아니라 **사람들이 처하는 상황**이야. 친구와의 관계에서, 가정에서, 특히 온라인에서 벌어질 수 있는 상황이지.

우리는 가끔 자기도 모르는 사이 반향실에 갇혀.

반향실은 자기와 똑같은 생각을 하는 사람들에게 둘러싸일 때 만들어져. 사고방식이 같은 사람들만 있으니 반향실에서는 같은 생각이 메아리처럼 반복되면서 강해져. 그러다 보면 거울에 비춘 듯 자기와 똑같은 의견과 관점만 계속 찾게 되지.

별로 나쁜 상황은 아닌 것 같지? 논쟁이나 다툼 없이 모두가 자신의 생각에 동의하고 자기 말이 옳다고 할 테니 말이야. 마음도 참 편할 거야. 자기 생각이 언제나 옳으니 자신감도 높아질 테고.

하지만… 이건 매우 **위험한 상황**이야. 왜 그럴까?

그래, 맞아. 반향실에 갇히면 반대 의견을 전혀 들을 수 없어. 자신과 생각이 다른 사람에게 배울 기회가 없지. 그런 대화 자체가 없을 테니까. 5장에서 배운 토론의 좋은 점을 하나도 누릴 수 없는 거지.

그러다 결국 카를로스처럼 되고 마는 거야.

북극곰 앞치마를 두르고 민스파이 먹방을 찍는다는 말이 아니야. 기후 변화를 믿지 않는 사람들과만 친하게 지내면서 누가 반대 의견을 내기라도 하면 무조건 비웃게 된다는 뜻이지. 자기와 생각이 다른 사람들은 다 멍청하고 남의 의견은 들을 가치가 없다고 단정 지으면서 말이야.

소셜 미디어의 과학

안타깝게도 소셜 미디어가 제공하는 온라인 공간에서는 반향실에 갇히기가 더 쉬워.

오해는 하지 마. 소셜 미디어는 아주 멋진 서비스야. 전 세계 사람들과 소통할 수 있잖아. 자신과 비슷한 사람은 물론, 다른 사람과도 의견을 주고받을 수 있지. 몰랐던 소식과 새로운 관점을 끝도 없이 접할 수 있어. 얻을 수 있는 정보도 어느 때보다 많아졌고. 정말 놀라운 발전이야.

하지만 조심해야 해. 카를로스가 되고 싶지 않다면 말이야.

소셜 미디어 회사는 사람들이 자기네 사이트에서 무엇을 읽고 보는지에는 관심이 없어. 귀여운 고양이 사진을 보든, 지난주 축구 경기의 하이라이트 영상을 보든, 기후 변화에 관한 거짓 정보를 보든 상관하지 않아. 그저 자기네 사이트에 자주 접속하고 오래 머무르길 바랄 뿐이야. 그럴수록 사이트에 뜬 광고를 더 많이 볼 테니까. 광고를 보는 사람이 많아질수록 소셜 미디어 회사는 더 많은 돈을 벌거든.

소셜 미디어에 네가 좋아하는 정보가 자꾸 뜨는 데는 이유가 있어. 그럴수록 사이트에 오래 머무르고 광고를 많이 본다는 걸 소셜 미디어 회사가 알아냈거든. 그게 바로 지금 벌어지고 있는 일이야. 온라인에서 무언가를 보거나 동영상을 클릭하면 소셜 미디어 플랫폼은 그 사람이 무엇을 보고 있는지 관

찰해. 그러고는 블로그나 브이로그 사진, 동영상을 가리지 않고 엄청난 양의 정보를 검색해서 그 사람이 다음에 볼만한 자료를 찾아내.

이게 바로 **알고리즘**이야. 소셜 미디어 플랫폼이 네가 다음에 찾아볼 가능성이 제일 높은 정보를 꺼내는 걸 멋지게 표현한 단어지.

지난주에 귀여운 라마 사진을 한 번 클릭했을 뿐인데, 마치 알파카를 좋아하는 사람들 모임에 가입한 듯 관련 사진이 자꾸 뜨는 건 우연이 아니야. 우연처럼 보이지만 다 계획된 거지.

문제는 사실이 아닌 콘텐츠, 즉 가짜 뉴스에 흥미를 보이면 알고리즘에 따라 그와 비슷한 콘텐츠도 점점 더 많이 보게 된다는 거야.

카를로스와 같은 사람들에게 일어나는 일이 바로 이거야. 기후 변화가 가짜라고 말하는 블로그를 한번 들여다보면 그와 비슷한 사이트 링크가 떠서 자기도 모르게 클릭하게 돼. 그럴수록 소셜 미디어 회사는 좋아하지. 자기네 사이트에 오래 머무르면서 기사도 읽고 새 운동화나 무선 헤드폰 광고도 봐 주니까.

이때 기후 변화가 진짜라고 말하는 블로그 링크는 노출되지 않아. 그런 블로그에는 관심이 없다는 걸 이미 알고 있거든. 그렇게 자기도 모르는 새 기후 변화가 조작된 거라고 믿는 사람들과 가까워지게 되는 거지. 카를로스처럼 말이야. 카를로스가 크리스마스에 우리 집 가죽 소파에 편히 앉아 아빠를 바보 취급하기까지는 바로 이런 과정이 있었어.

그러니까
카를로스처럼 되지 않으려면 조심해.

흠… 나는 이 조심하라는 말이 꽤 마음에 들어. 나 자신에게 하는 말이기도 하고.

이 말에는 중요한 메시지가 담겨 있어. 바로 블로그든, 웹 사이트 링크든, 브이로그든, 우리가 접하는 모든 이야기를 반대로 생각해 보라는 거야. 네가 무엇을 접했든지 한 발짝 뒤로 물러서서 이 사실을 되새겨 봐. 소셜 미디어 플랫폼은 알고리즘 기술을 써서 사람들이 좋아하고 동의할 만한 정보를 위주로 보여 줘. 그러니 우리에게 영향을 미치는 요소를 따져 볼 때처럼, 소셜 미디어의 정보를 접할 때에도 반대되는 관점이나 의견이 있는지 알아봐. 네가 보는 정보가 네 진짜 생각이나 느낌과 통하는지도 확인하고.

반향 탐지기

어떤 의견에 찬성하는 쪽이든 반대하는 쪽이든 누구나 반향실에 갇힐 수 있어. 주제를 가리지도 않지. 체스가 테니스보다 낫다고 믿는 사람들하고만 어울리면 테니스 클럽 활동이 얼마나 재미있고 건강에 좋은지 들을 길이 없어. 대통령이 형편없다고 생각하는 사람들하고만 어울리면 대통령이 한 좋은 일에 관해서는 들을 기회가 없고. 누구나 잘한 일이 하나는 있을 텐데 말이야.

그런데 자기가 온통 생각이 똑같은 사람들에게 둘러싸였고, 그래서 양쪽 주장을 제대로 보지 못하고 있다는 건 어떻게 알 수 있을까? 카를로스처럼 깜깜하게 있을 순 없잖아.

어떤 문제에 대해 충분한 정보 없이 결론을 지었더라도 그랬다는 사실을 깨닫기는 쉽지 않아. 나와 생각이 같은 사람들에게만 둘러싸이면 유쾌하니까 판단력이 흐려지거든. 반대하는 사람의 의견을 무시하기는 쉽고 말이야.

하지만 이 규칙을 기억하면 반향실에 갇히는 사태를 피할 수 있어.

1. 내가 지닌 믿음과 다른 사람의 믿음에 질문을 던지고 점검해 보는 게 얼마나 중요한지 되새긴다.
2. 내 의견을 뒷받침하는 믿을 만한 근거를 꼭 찾는다.
3. 나와 의견이 다르더라도 그 사람에게 배울 점이 조금이라도 있는지 찬찬히 따져 본다.
4. 남의 의견을 성급하게 무시하지 않는다. 반대하더라도 끝까지 들어 본다. 상대가 왜 그런 결론을 냈는지 설명할 시간을 충분히 준다.

유명한 반향실 사례, 백신 괴담

전 세계적으로 코로나바이러스가 유행하면서 사람들은 새로운 일상에 빨리 익숙해져야 했어. 바이러스에 관한 새로운 정보가 수시로 쏟아졌고, 이를 바탕으로 매 순간 결정을 내려야 했어. 하루하루가 배움의 연속이었지.

이 배움으로 얻은 가장 훌륭한 결실은 코로나19 백신이 아닐까 해. 백신은 정말 놀라운 결과물이야. 뛰어난 과학자들이 말 그대로 세계를 구하려고 전문 지식을 총동원했지.

대부분은 백신이 개발됐다는 사실에 흥분했어. 백신이 개발된 과정과 원리를 살펴보고는 드디어 일상을 되찾을 수 있다는 희망을 얻었어. 백신을 맞으면 코로나바이러스로부터 우리 몸을 지킬 수 있을 뿐 아니라 다시 일상으로 돌아가서 학교도 갈 수 있다고 믿었지.

백신 접종을 주저하는 사람들도 좀 있었어. 이들은 백신의 효능을 검사하고 부작용을 알아볼 시간이 더 필요하다고 주장했어. 70억 명이 넘는 사람들의 팔에 주사를 놓으려면 안전성부터 확인해야 한댔지. 결정을 내리기 전에 관련 사실을 모두 확인하고 싶은 건 당연해. 백신의 안전성에 관한 정보는 아주 많았거든.

하지만 안타깝게도 백신에 관한 **가짜 뉴스**도 넘쳐 났어.

마이크로소프트의 창업자로 유명한 빌 게이츠가 코로나바이러스를 유행시켰다는 터무니없는 소문도 돌았어. 이 소문에 따르면, 빌 게이츠는 이 치명적인 바이러스를 일부러 만들어 퍼트리고는 전 세계인을 2년 동안 꼼짝 못하게 만들었어. 백신을 개발하면 그 속에 마이크로칩을 함께 심어서 접종한 사람들의 뇌를 조종하려고 했다나.

미국의 한 조사에 따르면 미국인 28퍼센트가 이 가짜 뉴스를 믿었어. 코로나19 백신을 맞으면 몸속에 마이크로칩이 심어져 빌 게이츠의 조종을 받는다고 믿은 거야. 빌 게이츠가 우리를 조종해 무엇을 할지는 확실하지 않지만 말이야. 전부 다 마이크로소프트사에서 만든 파워포인트를 쓰는 좀비로 만들려나?

어쨌거나 이 괴담은 소셜 미디어를 통해 사방에 퍼졌어. 반향실에 갇혀서 백신이 끔찍한 이유를 읽고 게시하는 사람들이 점점 늘어났지. 백신이 어떻게 DNA를 바꾸는지 설명하는 블로그도 있었어. 백신에 소시지 성분이 포함돼 있다는 괴담도 돌았어. 어떤 사람은 백신 때문에 교통사고를 냈다고 주장했어. 백신을 맞고 석 달 뒤에 난 사고였는데 말이야!

이 주장들은 다 거짓이었지만 널리 퍼졌어. 영국에는 백신과 관련된 가짜 뉴스 계정을 팔로우 하는 사람이 무려 540만 명이나 된다고 해.

백신에 관한 가짜 뉴스는 거대해졌어.

그래서 위험했지. 반향실에 갇힌 사람들이 가짜 뉴스를 진짜로 믿고 백신을 맞지 않겠다고 마음먹었거든. 과학적 근거가 아니라 가짜 뉴스를 바탕으로 결정을 내린 거야.

'차단' 문화

카를로스는 우리 집을 박차고 나가면서 아빠를 '차단'했다고 말했어. 차단은 온라인상에서 상대방의 접근을 강제로 막는다는 뜻으로, 다시는 아빠와 어떤 주제에 관해서든 말하지 않겠다는 뜻이었지. 이제 카를로스는 가죽 소파를 새로 마련할 때도 어떤 의자가 가장 편하게 기울어지는지 (이 분야 전문가인) 우리 아빠에게 결코 묻지 않을 거야. 기후 변화에 관한 아빠의 생각이 자신과 다르다는 이유만으로 다시는 아빠와 말을 섞지 않기로 한 거야.

좀 극단적인 것 같지 않아?

내가 보기에는 그래. 우리 아빠랑 대화하면 얻을 게 많거든. 우선 다른 문화권 출신이라 영국에서만 살던 사람과는 관점이 달라. 대학교수고, 정치와 시사와 관련해 흥미로운 견해를 갖고 있어. 기후 변화는 의견이 같지 않았지만, 다른 주제에 관해서라면 카를로스가 아빠에게 배울 게 있지 않았을까? 아빠가 카를로스에게 배울 수도 있고 말이야.

하지만 요즘 들어 사람을 '차단'하는 일이 점점 흔해지고 있어. 의견이 다른 사람과 오프라인이나 온라인에서 연락을 완전히 끊는 거지.

사실… 차단 문화를 단순히 나쁘다고 말할 수만은 없어. 관계를 끊어도 괜찮을 때가 있기는 하거든. 예를 들어 어떤 아이가 네 손목시계를 훔쳤다고 해보자. 그럴 때는 그 아이와 다시는 말하지 않겠다고 마음먹는 게 당연해. 친구들에게도 그러라고 말할 테고. 선생님에게 적절한 조치를 부탁해 볼 수도 있어.

그런데 어릴 때 못된 말을 했지만 어른이 되면서 생각이 달라졌다면? 올리 로빈슨이라는 크리켓 선수가 있는데, 10년 전 트위터에 나쁜 글을 올렸던 게 밝혀진 적이 있어. 누군가를 모욕하는 글이었지. 로빈슨은 자신이 과거에 남긴 글이 부끄럽다고 말했어. 어리석은 행동이었단 걸 인정하면서 사과했고 그때와는 관점이 달라졌다고 했지.

그런데도 로빈슨은 차단을 당해 마땅하고 다시는 크리켓을 하면 안 된다고 주장하는 사람이 많았어. 여기서 진지하고도 어려운 질문이 떠올라.

어릴 때 한 번 실수했다는 이유만으로 한 사람의 인생을 망가뜨려도 될까?

다행히 올리 로빈슨은 평생 크리켓을 못하게 되지는 않았어. 몇 경기 출전이 금지되긴 했지만, 자신이 올린 글이 얼마나 '부끄러운지' 모두에게 사과한 걸로 죗값을 치렀어.

세계적으로 유명한 영국 가수 아델도 차단당할 위기에 처한 적이 있어. 흑인의 전통 머리 모양을 하고 파티에 간 사진을 소셜 미디어에 올렸다가 큰 비난을 샀거든. 백인 여성인 아델이 그 머리 모양을 한 게 화나고 불쾌하다는 반응이었어. 심지어 어떤 사람은 몹시 화를 내며 아델을 '감옥에 가둬야 한다'고 주장했어.

우리가 하는 말이나 행동은 다양한 이유로 누군가의 기분을 상하게 할 수 있어. 하지만 실수했더라도 사과할 기회를 줘야 하지 않을까? 한 번 실수했다고 영원히 차단당하는 게 맞을까? 아델을 감옥에 보내고 다시는 그녀의 노래를 듣지 말자고 하는 게 과연 **옳을까?**

쉽게 답할 수 있는 문제는 아니야. 카를로스가 그랬듯, 누구나 화를 낼 수는 있어. 단, 분노가 정당한 수준인지 고민할 필요는 있어. 실수한 사람은 무조건 차단해야 할까? 그 사람이 지금껏 쌓아 온 인생과 업적, 명성을 한번에 다 무너뜨려야 할까? 심각하게 나쁜 짓을 했다면 그래야 할지도 몰라. 아니면, 잘못을 인정하고 사과하면서 다시는 실수를 반복하지 않겠다고 하는 사람에게는 새로운 인생을 살 기회를 줘도 괜찮을까? 나와 관점이 다른 것뿐이라면 차이를 인정하고 넘어가도 괜찮을까?

차단 문화는 선뜻 옳다 그르다 말하기 어려운 문제야. 이쯤에서 잠시 멈춰서 물어볼게. **네 생각은 어때?** 혹시 주변에서 차단당한 사람을 본 적 있어? 그 사람은 공정한 대우를 받았어? 아니었다면 어떤 대우를 받았어야 한다고 생각해?

북극곰 논란

인터넷은 잘만 활용하면 정보를 얻고 사람들과 소통할 수 있는 훌륭한 도구야. 하지만 지금까지 살펴본 논쟁의 사례에서 드러나듯, 나와 관점이 다른 사람을 아주 흔하게 만날 수 있는 공간이기도 해.

기후 변화를 믿는 사람 vs 기후 변화가 조작이라고 믿는 사람
코로나19 백신을 원하는 사람 vs 원하지 않는 사람
미국의 대통령이었던 도널드 트럼프를 좋아하는 사람 vs 트럼프의 전성기는 영화 〈나홀로 집에 2〉에 출연할 때였다고 생각하는 사람
영화 〈스타워즈〉를 좋아하는 사람 vs 루크와 리아가 남매라는 사실조차 모르는 사람(스포일러였다면 미안.)
네가 어떤 생각을 하든, 이 세상 어딘가에는 분명 네 생각에 동의하지 않는 사람이 존재해.

인터넷은 누구나 자기 의견을 표현할 수 있는 멋진 가상 공간이야. 반면에 **요란한 다툼**이 벌어지는 곳이기도 해. 5장에서 살펴본 유익한 다툼 말고, 발가락 털을 놀리는 모욕적인 다툼(기억나지? 난 기억하고 싶지 않지만)처럼 나와 생각이 다른 사람에게 이성을 잃고 못된 말을 하는 그런 다툼 말이야.

게다가 온라인상의 다툼은 모두에게 공개돼. 가벼운 말다툼이 나도 모르는 새 수백만 팔로워가 지켜보는 심각한 다툼으로 번질 수 있어. 그 기록은 영원히 남을 테고.

그러니 온라인상에서 어떤 사람과 말다툼을 벌이기로 했다면 먼저 꼭 그래야 하는지 스스로에게 물어봐. 순수하게 그 사람의 의견을 묻는 거라면 괜찮아. 하지만 우리 형처럼 인신공격을 할 의도라면… 다시 생각해 보는 게 좋을 거야.

특급 경고

네가 인터넷에 올리는 건 그게 사진, 동영상, 모욕적인 악플, 농담, 무엇이든 간에 **영원히** 남아.

네가 아는 모두가 볼 수 있지. 엄마도, 아빠도, 할머니도, 선생님도, 네가 아이를 낳는다면 네 자녀도 말이야. 여자 친구, 남자 친구, 미래의 배우자와 네가 꿈꾸는 미래 직장의 상사까지도.

인터넷에 한번 올라온 게시물은 끊임없이 복사되고 공유돼. 그러니 무언가를 인터넷에 올릴 때는 **아주 조심해야 해.**

너희 할머니한테 보여 주기 싫은 건…
올리지 마. 절대로!

소크라테스 대화법

소크라테스는 기원전 5세기에 살았던 고대 그리스 철학자야. 인류 역사에서 손꼽히는 위대한 스승이지. 그런데 소크라테스의 지혜는 간접적으로만 전해지고 있어. 본인이 직접 남긴 글은 전혀 없거든. 왜 그럴까? 소파 뒤에 펜을 떨어뜨려 잃어버리기라도 했을까? 우리 엄마도 24색 볼펜을 소파 뒤에서 발견한 적이 있어.(사실 하모니카도.) 어느 일요일 아침, 아빠가 젖혀지지 않는 소파 뒤를 이리저리 살펴보다 발견했지.

물론 소크라테스가 글을 남기지 않은 건 펜을 잃어버려서가 아니야. 원래 글쓰기를 끔찍이 싫어했대. 소크라테스는 새로 나온 물건은 일단 사고 보는 이른바 '얼리 어답터'가 아니었어. 고대 그리스의 최신 발명품을 적극적으로 쓸 생각이 전혀 없었지. 그때 새로 등장해 인기를 끈 최첨단 제품이 바로… 책이었거든. 소크라테스는 책을 완전한 실패작으로 봤어. 무언가를 문자로 기록하는 행위에 반대했거든. 양피지에 깃펜으로 어떤 생각을 쓰고 나면 곧장 즉시 그 생각을 다 잊어버린다고 생각했어. 그러니 글을 안 쓸 수밖에.

대신 아주 유명한 또 다른 그리스 철학자, 플라톤 같은 제자들이 소크라테스의 가르침을 글로 남겼어. 소크라테스에 대한 기억과 그와 나눈 대화를 기록했지. 사실 이 기록은 소크라테스가 볼 때는 반갑지 않을 거야. 소크라테스를 들창코에 퉁방울눈을 한 심각하게 못생긴 남자로 묘사했거든. 그러니 조심해. 책을 멀리하고 기록을 남기지 않으면, 우거지상을 한 개구리처럼 생긴 사람으로 기록될지도 몰라.

그런데 소크라테스는 자기 외모가 어떻든 신경 쓰지 않았어. 아름다움을 매우 중요하게 여긴 고대 아테네에서는 특이한 일이었지.

소크라테스는 아름다움보다 배움에 관심이 많았어. 우리가 사는 세상과

다양한 이념을 이해하고 싶어 했지. 그리고 진실을 깨닫는 제일 좋은 방법은 누가 옳은지 가려내는 토론이라고 믿었어.

아테네의 지식인들과 광장에서 자주 토론을 벌인 것도 그런 이유야. 소크라테스는 아테네인들에게 어떤 믿음을 갖고 있고, 왜 그런 믿음을 갖게 됐는지 정중하게 물었어.

소크라테스의 질문으로 근거 없는 믿음은 곧 허점을 드러냈어. 물론 소크라테스가 자꾸 질문을 던진 건 아테네 사람들이 어리석다는 걸 입증하기 위해서가 아니었어. 소크라테스는 공격적이거나 적대적이지 않았거든. 사람들의 관점과 의견이 근거가 없을 때가 많다는 걸 보여 주려던 거야.

소크라테스의 문답법은 당시 아테네에서는 새로운 학습법이었어. 소크라테스가 나타나기 전에는 무조건 상대를 설득해 **자기 의견에 동의하게** 만들어야 했어. 그러지 못한 사람은 패배자였어. 결투를 하듯이 말싸움으로 승부를 겨뤘지.

소크라테스는 달랐어. (이 책을 읽으며 우리가 깨달았듯) 한 사람이 모든 지식을 다 알 수는 없다는 사실을 알고 있었거든. 남의 생각과 믿음을 이해하면 더 똑똑해질 수 있다는 것도.

소크라테스처럼 토론하고 질문한다면, 그리고 그의 조언과 비법대로 문제를 (느리게) 생각하고 분석한다면, 자기 의견에 확신이 생기고 그 의견을 더 당당하게 표현할 수 있어.

이게 바로 '비판적 사고'야. 아주 유용한 기술이지. 자, 이제⋯ 소크라테스처럼 생각해 보자.

효과적인 논쟁을 하는 법

첫 번째, 비판적으로 생각한다

혹시 이 실험 들어 봤어? 미국의 명문 대학으로 유명한 코넬 대학교 연구진이 사람들에게 지퍼가 채워지는 방식을 설명할 수 있는지 물어봤어. 질문을 받은 사람들은 대부분 당연히 할 수 있다고 답했어. 거의 모든 사람이 매일 지퍼를 쓰니까.

너는 지퍼가 어떻게 채워지는지 알아?

안다고? 좋아, 그럼 말해 봐. 지퍼의 작은 금속 이빨이 어떻게 외투를 여며 주는지 설명해 보라고. 흠… 생각보다 어렵지? 연구진들이 발견한 게 바로 이거였어. 모두 지퍼가 채워지는 방식을 정확히 안다고 **믿었지만**, 정작 답하려고 하니 전혀 몰랐던 거지.

인간은 전혀 모르는 것도 안다고 생각할 때가 많아!

그러니 자신이 무엇을 믿고 있는지 정확히 알려면 시간을 들여 근거를 조사하고 살펴봐야 해. 내가 '비판적 사고법'이라고 부르는 단계를 따르면 자기 생각의 근거를 알 수 있어.

토론을 시작하기 전에 이 단계를 거치면 네 믿음과 관점이 정확히 이해되고 확신이 생길 거야.

자, 비판적 사고법을 기억하기 쉽게 한번 설명해 볼게. 이런 질문을 던져 스스로를 점검해 보는 거야.

1. **해결하려는 문제가 뭐야?** 하고 싶은 질문이나 논의하고 싶은 문제가 뭐야?

2. **내 의견의 근거는 뭐야?** 조사는 해 봤어? 해결하고 싶은 문제를 더 잘 이해하기 위해 어떤 질문을 했어? 믿을 만한 책이나 웹 사이트에서 사실 관계를 살펴봤어?

3. **나에게 영향을 미치는 요소는 뭐야?** 성급한 결론을 내리지는 않았어? 내 의견에 영향을 미치는 닻은 뭐야?

4. **나와 반대되는 의견은 뭐야?** 다른 사람이나 다른 단체의 생각은 어때? 그들은 왜 그런 생각을 하는 것 같아?

5. **내가 생각하는 해결책은 뭐야?** 내 의견을 어떻게 제시하면 좋을까? 발가락 털을 놀리는 지경까지 가기 전에 내 의견을 이해시킬 가장 좋은 방법은 뭘까?

한번 예를 들어 볼게. 학교에서 수학 수업을 한 시간 더 늘린다고 해 보자. 그것도 토요일 아침에 말이야.

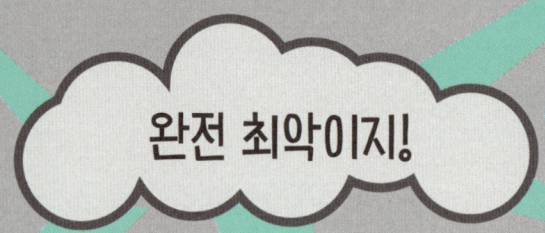

아마 이렇게 외치고 싶을지 몰라.
"내 토요일을 망칠 셈이에요? 이놈의 학교, 진짜 싫다."

하지만 이건 빠르게 생각한 결과야. 이런 식으로는 원하는 것을 결코 얻을 수 없어.

이제 느리게 생각해 보자. 새로 배운 비판적 사고법으로 토요일 늦잠을 사수할 수 있을지 시험해 보는 거야. 학교에 네가 깊이 고민해 찾은 대안을 내보이는 거지.

해결하려는 문제가 뭐야?

나는 이미 충분히 바빠. 학교에서 하는 방과 후 활동도 많고, 탁구 연습과 집안일도 해야 해. 이대로 가다가는 자고 먹을 시간도 없어질 거야. 수학 수업 시간이 늘어나면 목욕하면서 분수 공부를 해야 할지도 모른다고.

내 의견의 근거는 뭐야?

수학 보충 수업이 필요할 수는 있어. 하지만 저마다 뒤처진 정도가 달라. 나는 수학을 열심히 공부했어. 한 번도 수업을 빼먹지 않았지. 벤다이어그램을 배울 때는 조금 헤맸지만, 대부분은 수업을 잘 따라갔어. 꼴찌가 아닌 건 확실해.

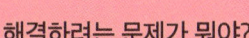

따라서 나는 주말마다 학생을 전부 불러내겠다는 학교 측에 다음과 같은 질문을 하고 싶어.

"어떤 학생이 도움이 필요하고, 학생마다 구체적으로 어떤 개념을 더 익혀야 하는지 조사했나요? 조사했다면 어떤 방법으로 했나요?"

나에게 영향을 미치는 요소는 뭐야?

토요일마다 학교에 가면 우리 가족이 매주 토요일 아침에 먹는 소시지 샌드위치를 나만 못 먹게 돼. 그리고 왜 굳이 토요일에도 학교에 가야 하지? 이미 일주일에 닷새나 학교에 가잖아. 하신타 인슬리라는 사람에 따르면, 안 그래도 영국 애들이 세계에서 가장 학교에 자주 가고 있대.

그럴 법하다고 생각하긴 했는데, 문득 정말인지 궁금해졌어. 조사해 보니 그 말은 가짜 뉴스였어. 영국의 등교일은 1년에 190일지만, 중국은 220일이었어. 중국 아이들이 한 달은 더 다니는 거지. 영국 버크셔보다 중국 베이징에서 분수와 방정식을 훨씬 많이 공부한다는 뜻이야.

그렇다면 수학을 몇 시간쯤 더 배우는 건 생각보다 가혹한 일이 아닐지도 몰라.

나와 반대되는 의견은 뭐야?

수학 수업을 따라가지 못하는 학생이 많은 건 사실이야. 수학은 꼭 익혀야 하는 중요한 기술이잖아. 선생님들이 휴일을 반납하고 기꺼이 시간을 내 우리를 돕겠다는데 고맙게 생각해야지.

흠… 일리 있는 의견이야.

내가 생각하는 해결책은 뭐야?

모든 상황을 고려하면 수학 보충 학습은 필요한 것 같아. (파이 그래프를 그려 오라니까 내 친구 수아레스는 따끈따끈한 파이를 그려 왔거든.) 단, 시험을 봐서 각각의 학생에게 정확히 어떤 보충 학습이 필요한지 확인하면 어떨까?

그런 다음 단원별로 수업을 여럿 여는 거야. 모든 학생이 모든 수업을 다 들을 필요는 없으니 필요한 수업만 듣도록 하는 거지.

그러면 수업당 학생 수가 줄어 각자 선생님의 피드백도 더 많이 받을 수 있을 거야.

참, 토요일보다 목요일 방과 후에 하는 건 어때? 우리 집의 토요일 아침 특식, 소시지 샌드위치는 진짜 놓치기 싫단 말이야.

두 번째, 규칙을 정한다

토론을 본격적으로 시작하기 전에 어떤 식으로 마무리하고 싶은지 미리 생각해. 당연하지만 뒤엉켜 바닥을 뒹굴거나 인신공격을 하며 고래고래 소리 지르며 끝내선 안 돼.

꼭 평정심을 유지하고, 목소리를 높이지 마. 문제를 '논의'하거나 '토론'하고 싶다고 정중하게 말해. 영국의 변호사들은 법정에서 의견이 엇갈리는 사안을 두고 치열하게 맞붙을 때도 서로를 '친애하는 동료 변호사'라고 불러. 양쪽 변호사 모두 자기 의견을 말하고 존중받을 자격이 있다는 걸 되새기는 호칭이지.

그리고 언제나 경청한다

혹시 자동차 조수석에 누가 탈지를 두고 다툰 적 있어? 앞자리에 타고 싶어서 형제자매랑 입씨름한 적이 있다면 그게 얼마나 피곤한 일인지 알 거야. 남의 말을 가로막으면서 자기 의견을 목청껏 말하는 데만 급급하면 새로운 사실을 배울 수 없어. 소크라테스는 어떤 문제에 관해 상대의 의견이 확고하면 왜 그런지 듣고 이해하려 했어. 그러면 미처 몰랐던 사실을 배우거나 논리의 허점을 알 수 있거든.

여동생이 다리를 다쳐 발을 뻗을 공간이 넉넉한 조수석에 앉아야 하는 상황일 수도 있어. 오빠가 태권도 학원에 가는 길을 안내해야 하는 걸 수도 있고. 사촌 동생이 차멀미가 심해 토하지 않으려고 앞자리에 앉으려 하는 걸 수도 있지.

경쟁하듯 자기 생각만 고래고래 외치면 이런 사정은 알 길이 없어.

반대로 경청하면 내가 상대의 말에 관심이 있고, 그 말을 진지하게 받아들일 거라는 믿음을 줄 수 있어. 상대방의 생각에 마음이 열려 있고 상대방의 경험을 존중한다는 인상을 심어 줄 수 있지. 그러다 보면 전에는 몰랐던 색다른 관점을 알게 돼.

어때, 경청하며 토론하면 얻을 수 있는 게 훨씬 많지?

반드시 호감을 산다

혹시 '어려운 대화 연구소'에 가 본 적 있어? 뉴욕에 진짜로 있는 대학교 연구소야. 가짜 뉴스가 아니라고 약속해. 사람들이 논쟁과 토론을 벌이면 그 모습을 과학자들이 관찰하고 연구하는 곳이지.

이 연구소의 과학자들이 뭘 알아냈는지 알아? 별로 놀랍지는 않을 거야. 가장 좋은 대화는 대화에 참여한 사람들이 배우겠다는 태도로 상대의 말을 경청할 때 이뤄진다는 거였어. 맞아, 너도 이미 아는 내용이지.

그런데 **결말이 나쁜** 대화들을 관찰하니 흥미로운 공통점이 있었어. 나쁜 대화에서는 참여자들이 어느 순간부터 상대의 말을 듣지 않아 제자리걸음을 반복했어. 적대적인 태도로 상대가 하는 말은 다 어리석거나 완전히 틀렸다고 믿었지. 그러다 인신공격하며 상대를 모욕했고.

여기서 중요한 질문을 하나 할게. 좋은 말다툼과 정도를 벗어난 나쁜 말다툼은 무엇이 다를까?

어려운 대화 연구소의 학자들은 간단한 답을 찾았어. 합리적으로 토론하는 사람들은 상대의 호감을 사는 데 짧게라도 시간을 투자했어. 친절한 태도로 우호적 분위기를 만들려 애썼지.

예를 들어 볼게. 아빠에게 용돈을 올려 달라는 부탁을 한다고 해 보자. 아빠가 거절한다면 다음의 두 가지 방법 중 하나를 쓸 수 있어.

방법 1 "농담이죠? 7000원으로 일주일을 버티라는 게 말이 돼요? 우리 학교에서 나보다 용돈이 적은 애는 한 명도 없을 거라고요. 아빠는 내 인생이 망하든 말든 상관없어요?"
아빠에게 이렇게 소리 지르곤 방문을 쾅 닫아 버린다.

혹은

방법 2 아빠의 호감을 산다. 소리 지르는 대신 "형편이 넉넉하지 않다는 건 알아요."라고 말해 아빠의 처지를 이해한다는 사실을 알린다. "집안일을 도와 용돈을 벌게요."라고 도울 방법을 제안하거나, "저 스스로 돈을 관리해 저축도 해 보고 싶어요."라고 말한다.

새 운동화를 사려면 어떤 방법이 먹힐 것 같아?

시간을 내서 연습한다

논의하고 토론하는 능력은 아주 유용한 기술이야. 이 기술을 갖추면 상대를 더 잘 설득할 수 있을 뿐 아니라 지식이 풍부해지고 더 똑똑해질 수 있어.

게다가 지금까지 토론을 잘하는 법을 배웠잖아.

단, 토론을 잘하려면 자꾸 나서서 목소리를 내야 해. 연습할수록 더 잘하게 되거든.

그러니 형제자매의 아끼는 청바지를 빌릴 땐 설득의 기술을 써 봐. 기후 변화를 주제로 엄마와 대화를 나눠 보고. 투표가 가능한 나이를 16세로 낮추는 문제를 어떻게 생각하는지 선생님의 의견을 물어 봐.

만약 학교에 토론 동아리가 있다면 가입해 봐. 없다면 하나 만들자고 학교를 설득해 봐.

그 과정에서 경청하고 배우는 거야. 네 생각을 자신 있게 밝히면서!

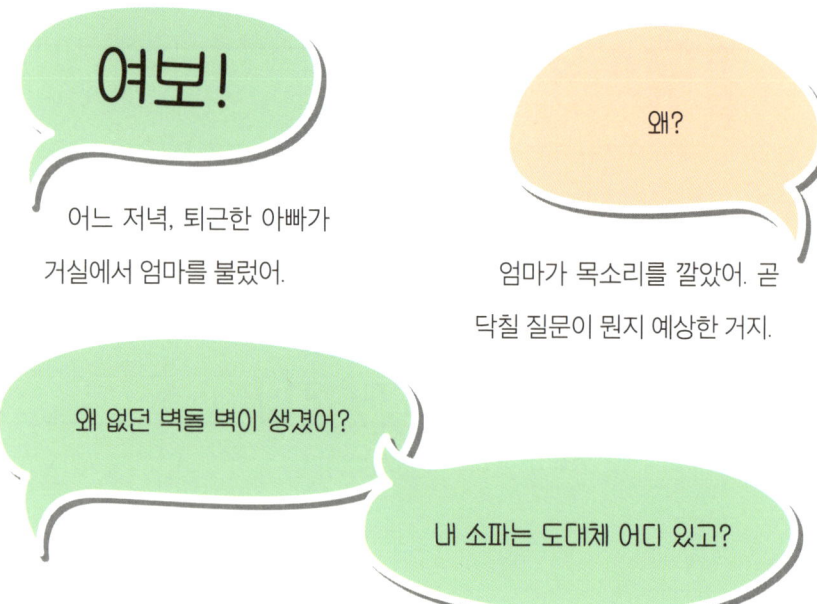

어느 저녁, 퇴근한 아빠가 거실에서 엄마를 불렀어.

엄마가 목소리를 깔았어. 곧 닥칠 질문이 뭔지 예상한 거지.

우리 집에서는 이런 대화가 일주일에 한 번은 등장해. 우리 엄마는 집을 개조하는 걸 무척 좋아하거든.

그런 날은 아빠가 출근했다가 돌아오면 집 안 풍경이 크게 달라져 있어. 엄마는 페인트를 살짝 새로 칠하거나 전등을 바꾸는 정도가 아니라 완전히 집을 뜯어고치거든. 카펫을 바꾸고, 벽을 옮기고, 창문을 내지. 학교에 다녀오면 집을 잘못 찾아왔나 헷갈릴 정도야.

집 뒷면의 벽을 형광 노랑으로 칠한 적도 있어. 엄마는 그 색을 보면 기분이 좋아진다고 했지만, 옆집의 배리 아저씨는 볼 때마다 구역질이 난댔어. 그래서 밤에도 정원에 나갈 때는 꼭 선글라스를 썼지. 욕실 딸린 방을 만들려다 실수로 욕실 입구를 벽돌로 막아 버린 밤에는 다들 신경이 날카로워지기도 했어. 건축업자가 다음 날에나 올 수 있대서 아빠는 뒤뜰의 호스를 쓰며 샤워해야 했어. 그 바람에 배리 아저씨는 그날 밤에도 선글라스를 써야 했지.

아빠는 익숙한 걸 좋아하는 사람이야. 실내 장식을 바꾸는 문제에도 엄마 아이디어가 아무리 좋다 한들 동의하는 법이 없었어. 그걸 아는 엄마는 아빠에게 묻지도 않고 집을 개조했고, 아빠가 출근해 집을 비운 동안 작업을 끝내 퇴근한 아빠를 깜짝 놀라게 했지.

한번은 그 정도가 너무 심했어. 오전 8시에 시작해 10시간 만에 공사를 끝낸 건 대단했어. 아빠는 그 점을 별로 높이 사는 것 같지 않았지만, 엄마는 엄마의 표현을 빌리면 '이탈리아 베네치아의 정취가 담긴 일광욕실'을 만들려고 거실과 주방 사이에 벽을 세웠어. 그 벽에 곤돌라를 그려 넣고, 튜브로 된 작은 풀장에 물을 채워 바닥에 놓고는 뒤로 젖혀지는 소파에 앉아 두 발을 풀장에 담갔어.

> 아, 베네치아에 있는 산 마르코 광장에 온 기분이야.

아빠가 몹시 화난 표정으로 거실에 들어서자 엄마가 말했어.

> 신발 상자만 한 공간에서 뭘 하겠다고 그래. 소파만으로도 꽉 차 텔레비전도 못 들여놓잖아.

아빠가 지적했어. 틀린 말은 아니었지.

우리 엄마는 상대가 확실한 근거를 대며 반박하면 기꺼이 실수를 인정하는 사람이야.

어쨌거나 그날 밤 우리는 튜브 풀장에 발을 담근 채 피자와 젤라토(저렴한 막대 아이스크림이었지만)를 먹으며 즐거운 한때를 보냈어. 엄마는 라디오에서 들었던 이탈리아 오페라 곡을 불렀어. 그런데 다음 날 오후 6시, 일광욕실과 베네치아의 흔적은 사라졌고 소파는 다시 텔레비전 앞자리로 옮겨졌어.

나는 엄마가 존경스러웠어. 하루 만에 집을 통째로 개조하는 능력자이기 때문만은 아니야. 과거에도 그랬고 지금도 늘 마음이 열려 있어서야. 누군가의 의견이 옳다고 생각되면 엄마는 거리낌 없이 자기 생각을 바꿔. 틀렸다는 말을 들어도 화를 내거나 속상해하지 않아. 경청하고 고민해 본 뒤 필요하다면 생각을 바꿀 뿐이지.

사실 이건 쉬운 일이 아니야.

그런 의미에서 마지막으로(아쉽겠지만 페이지가 얼마 안 남았어.) 내가 꼭 하고 싶은 중요한 이야기가 하나 있어.

<u>바로, 생각을 바꿔도 괜찮다는 거야. 바꾸면 안 되는 생각 같은 건 없어.</u>

과학자처럼 생각하기

사람들은 흔히 틀렸다는 말을 들으면 방어적인 태도를 보이거나 짜증을 내. 좀처럼 원래 생각을 바꾸려 하지 않지. 심하면 상대의 발가락 털을 놀리며 고함을 치기도 해.

사실 생각을 바꾸기란 쉽지 않아. 많은 사람이 그동안 잘못된 정보를 믿었다는 게 부끄러워 차라리 바꾸지 않는 쪽을 선택해. (행성 니비루가 지구를 산산조각 낼 거라고 믿었던 사람들 기억나지?) 멍청해 보이지 않으려면 기존의 생각을 고수해야 한다고 믿는 거지.

하지만 정말 멍청한 건 옳지 않거나 이제는 믿지 않는 생각을 계속 고집하는 거야.

사람들이 과거의 믿음을 지금까지 바꾸지 않았다고 상상해 봐. 여전히 여자들은 투표권이 없을 거야. 결혼한 여자는 일하지 못할 거고. 우리 가족은 아직도 집 안 곳곳에 양파를 뒀을 테지. (기억나지?)

그러니 이제부터 과학자처럼 생각해 봐. 과학자는 필요하면 주저하지 않고 바로 생각을 바꿔. 자기 생각이 옳은지 확인하는 실험에 평생을 바치지. 실험 결과가 자신이 생각하던 바와 다르게 나오면 생각을 바꾸고 새로운 걸

시도해. 과학이 작동하는 방식이 원래 그래. 과학자는 우리가 안다고 생각하는 사실에 의문을 제기한 뒤, 이론을 세우고, 검증하고, 조정하면서 진짜 사실을 찾아. 바꿔 말하면, 틀리는 걸 두려워하지 않아. 두려워해서도 안 되고.

    팝 가수 에드 시런의 곡은 죄다 형편없다고 주변에 잔뜩 말해 뒀는데 이번 신곡은 마음에 들 수도 있어. 그래도 괜찮아. 어릴 때부터 크면 의사가 되고 싶다고 말했는데 갑자기 요리사가 되고 싶어졌어도 괜찮고. 배움은 끝이 없어. 내가 사는 세상과 다른 사람, 무엇보다 자기 자신에 관해 늘 배우지. 생각이 바뀌었다는 걸 인정하기란 쉽지 않아. 모두에게 (큰 목소리로 자주) 말했던 생각이라면 특히 더 그렇지. 그렇다고 더는 믿지 않는 생각이나 의견을 계속 고집하지는 마. 그건 훨씬 더 나쁘니까.

이 책의 등장인물

지금까지 많은 내용을 다루었고, 많은 사람을 만났어. 이 사람들 덕분에 우리가 어떻게 생각하고 무엇의 영향을 받으며 어떻게 결정을 내리는지 이해할 수 있었지. 너도 생각할 거리를 던져 주는 사람들을 한번 떠올려 봐.

필런 선생님 성급한 결론을 내리는 게 얼마나 위험한지 몸소 보여 줬어. 그 덕분에 빠르게 생각하기와 느리게 생각하기의 차이점을 알았지. 내 의견이 내 진짜 생각이나 감정과 일치하지 않을 때가 있는 이유도 배웠고.

우리 아빠 아빠가 아니었다면 투명 줄넘기 하는 법과 뒤로 기울어지는 가죽 소파의 장점을 몰랐을 거야. 무엇보다 우리가 얼마나 쉽게 외부의 영향을 받는지, 반대되는 관점을 살피는 게 왜 중요한지 배웠어.

우리 형 형에게 별로 고맙지는 않아. 내 발가락에 털이 많다고 놀렸잖아. 그래도 가짜 뉴스의 산증인이기는 해. 가짜 뉴스 때문에 거미를 먹었다고 착각했잖아. 사람들이 얼마나 쉽게 거짓 정보를 사실로 믿는지 보여 줬지.

잭 하비 나고 자란 환경과 경험에 따라 관점이 얼마나 달라지는지 보여 줬어. 남이 나와 생각이 똑같을 수는 없다는 걸 기억해야 해.

안데르스 모르텐손 흠… 다음에 혹시 코펜하겐의 묘지에 갈 일이 있으면 안부 전해 줘. 아마 거기서 신나게 놀고 있을 테니까.

카를로스 뭐부터 말해야 할지 모르겠네. 카를로스와 기후 변화를 주제로 토론하려면 건포도를 준비하는 게 좋아. 그래도 카를로스 덕분에 누구나 반향실에 갇힐 수 있다는 걸 배웠어. 반향실에 갇히면 반대편의 의견을 전혀 귀담아듣지 않게 돼.

소크라테스 본인이 좋아할지는 모르겠지만, 소크라테스도 목록에 넣었어. 인류의 아주 오랜 친구잖아. (2500년이나 알고 지낸 사이지.) 소크라테스는 아주 뛰어난 논객이었어. 그의 토론법은 지금도 본받을 만해. 문답을 통해 상대의 생각을 이해할 수 있으니까. 상대의 관점이 무엇이든 배울 게 있다고 믿고 차분하게 대화할 수 있지.

우리 엄마 방에 무지개를 그리고 싶은 사람은 말만 해. 우리 엄마가 내일 당장 오후 3시 30분부터 5시 사이에 뚝딱 그려 줄 테니까. 그림이 마음이 안 들면 안 든다고 말해도 괜찮아. 엄마는 잘못한 일은 곧바로 인정하거든. 우리도 배워야 해. 더는 옳다고 믿지 않는 생각을 붙잡고 있지 마. 주저하지 말고 생각을 바꿔.

이제 네 차례야. 지금까지 배운 방법과 조언을 활용해 자기 생각을 제대로 표현해 봐. 장담하건대, 네 생각은 들을 가치가 있어. 그러니 당당하게 나서서 목소리를 내.

자,

네 생각은 어때?

귀를 활짝 열고 들을 테니 말해 봐.

＊이 책을 추천해 주신 선생님들

권유진 석림초 권유진 중촌초 김경민 비전초 김미정 동광초 김미진 금화초 김민희 하남초 김선아 신안초 김선정 높은뜻씨앗학교 김성은 아람초 김연준 원명초 김영화 대지초 김윤이 기지초 김윤정 언양초 김윤지 고기초 김율리아 안성초 김은진 민안초 김정연 홍제초 김지선 미사중앙초 김지연 장천초 김지현 진말초 김하경 서호초 김현령 민락초 김현서 정수초 김현지 창신초 김혜경 대구성보학교 김화인 용아초 나현 서화초 남누리 잠원초 류솔님 상록초 박나정 관악초 박소영 송우초 성화영 장승포초 손진영 칠성초 손한나 초처초 손희선 북면초 송경민 인헌초 송유진 나곡초 신민정 북면초 안계남 심원초 안보람 중앙초 안시현 선운초 오승화 방산초 오지승 동홍초 오혜령 무안초 원예랑 속초초 유영미 석수초 이가람 용이초 이다인 가온초 이동희 중앙초 이보미 한여울초 이소리 숭례초 이수경 용현초 이윤희 탄천초 이은빈 수완초 이인숙 귤현초 이지윤 대동초 이태임 호암초 이화정 잠현초 장소연 부곡초 장욱조 부명초 장유정 가림초 장희수 브랭섬홀아시아 조미라 제황초 조연수 상진초 조용근 남정초 조현희 용호초 최민 광천초 최연주 세천초 최유미 가락초 최현주 양도초 최효진 항동초 황혜림 구학초

왜 그 친구와는 말이 안 통할까?
우기기 선수들 때문에 부글부글 끓는 너에게

초판 1쇄 발행 2023년 10월 16일 초판 3쇄 발행 2025년 6월 12일

글 매슈 사이드 그림 아쉬윈 차코 옮김 백지선
펴낸이 최순영 교양 학습 팀장 김솔미 편집 연혜진
키즈 디자인 팀장 이수현 표지 디자인 이아진 본문 디자인 해수

펴낸곳 ㈜위즈덤하우스 출판등록 2000년 5월 23일 제13-1071호
주소 서울특별시 마포구 양화로 19 합정오피스빌딩 17층 전화 02) 2179-5600
전자우편 kids@wisdomhouse.co.kr 홈페이지 www.wisdomhouse.co.kr
ISBN 979-11-6812-789-0 73190

What Do YOU Think?: How to Agree to Disagree and Still Be Friends
Text copyright © Matthew Syed Consulting Limited 2022
Cover image and illustrations copyright © Ashwin Chacko 2022
The right of Matthew Syed and Ashwin Chacko to be identified as the author and illustrator respectively of this Work has been asserted by them in accordance with the Copyright, Designs & Patents Act 1988.
First published in Great Britain in 2022 by Wren & Rook
Korean edition copyright © Wisdom House, Inc. 2023
All rights reserved.
This Korean edition published by arrangement with Hodder & Stoughton Limited, on behalf of its publishing imprint Wren & Rook, a division of Hachette Children's Group, through Shinwon Agency Co., Seoul.

이 책의 한국어판 저작권은 신원에이전시를 통한 저작권사와의 독점 계약으로 ㈜위즈덤하우스에 있습니다. 저작권법에 의해 국내에서 보호를 받는 저작물이므로 무단 전재와 무단 복제를 금합니다.

· 이 책의 전부 또는 일부 내용을 재사용하려면 반드시 사전에 저작권자와 ㈜위즈덤하우스의 동의를 받아야 합니다.
· 이 책의 사용 연령은 8~13세입니다.
· 인쇄·제작 및 유통상의 파본 도서는 구입하신 서점에서 바꿔드립니다.
· 책값은 뒤표지에 있습니다.